I0787648

*El **DesMadre** de los
ser Vicios sociales*

Consuelo García del Cid Guerra

*El **DesMadre** de los serVicios sociales*

Primera edición: Mayo, 2017
Segunda edición: Octubre, 2024

DEL PATRONATO DE PROTECCIÓN A LA MUJER A LOS SERVICIOS SOCIALES

Yo, Galileo Galilei, abandono la falsa opinión de que el Sol es el centro del Universo y está inmóvil. Abjuro, maldigo y detesto los dichos errores.

Confesiones de Galileo

Nos enfrentamos a una obra todavía sin título, conscientes de que no hay tiempo que perder. A lo largo de estas páginas aparecerá, sin duda, la frase mágica que acierte a resumir una realidad tan latente como oculta, calcada con medias tintas al viejo patrón de un pasado reciente.

Abrimos los ojos no hace mucho al comprobar la extensión actual de lo que fue el Patronato de Protección a la Mujer, la institución fascista que encerraba menores en reformatorios disfrazados de conventos y robaba sus hijos a las menores embarazadas. Presidida por la esposa del dictador, Carmen Polo de Franco, funcionó impunemente hasta 1985, en democracia. En ese año desapareció oficialmente. Con anterioridad se fue modificando la ley del menor, hasta llegar al punto en que nos encontramos: la retirada de un hijo está en manos de los llamados «técnicos», funcionarios de la administración.

Así, desde familias que acuden a pedir ayuda a los Servicios Sociales por necesidad económica, mujeres que se encuentran en procesos de separación matrimonial contenciosa, hasta madres que denuncian abusos sexuales, y también aquellas que mantienen relaciones tan conflictivas como encalladas en el tiempo con sus propios progenitores y un sinfín de circunstancias que acaban siendo remitidas a la administración de forma oficial, incluso con forma de denuncia telefónica por parte de terceros.

El denominador común de antaño, preso de su propia condición, padece idénticos castigos. En algunos aspectos, se diría que nada ha cambiado o se alteró muy poco. Ser pobre, tener o no tener, supone estar siempre al raso y en manos de supuestos benefactores oficiales, que deciden las ayudas o retiradas basándose en un modelo trazado solo sostenible sobre el papel: su papel.

La «caza», sí es muy distinta. Se ha modernizado de forma sibilina con maniobras tan arteras como inteligentes. La sociedad no se entera. No lo sabe. Y cuando alguien pretende informar al respecto, no se lo creen. El viejo patrón del pasado acusa de forma insistente: «Por algo será». «Algo habrán hecho». «No se van quitando hijos por las buenas».

Y sí, es por algo. Aunque completamente ajeno a ellas, que no han cometido delito alguno. No les quitan los hijos por las buenas. Por supuesto que no. Se los arrebatan por las malas, asistidos por un gran manto legal perfectamente diseñado.

Ahora ya no son necesarias aquellas visitadoras y celadoras del Patronato de Protección a la Mujer que se paseaban por las calles, cines, jardines, bares y bailes, en busca de menores cuya conducta moral se cuestionaba por un beso de tornillo en la última fila de cualquier sala cinematográfica. Ahora acuden ellas mismas en busca de auxilio. Y desde el momento en que se sientan ante una asistenta social, empieza su calvario.

La mayoría de ellas son víctimas de su propia historia, y condenadas de facto por un pasado del que no son inicialmente responsables, o un presente desolador. Muchas, hijas de la llamada «generación perdida», que crecieron con escasos referentes. Progenitores errados que no supieron cuidar de sus hijos, quizá arrastrando su personal condena social.

«Fuisteis malos hijos, y seréis malos padres», me dijo en una ocasión una persona de extrema derecha, basándose en esas molestas rebeliones familiares de las llamadas «ovejas negras».

Hubo un tiempo en el que muchas soñaban con la emancipación, y eran atrapadas por la institución de la vergüenza. España quería un patrón moral femenino, y ahora quiere otro. Lo impone a golpe de sanciones oficializadas cuyo trasfondo es prácticamente invisible.

Esa «luna de miel»" liberal que funcionó –y funciona– como las horas de patio: libres en el marco adecuado para ser de nuevo acuartelados en el sistema.

Hijos de padres que fueron tutelados en su tiempo, reproduciendo la cadena. Existencias desordenadas, fundamentalmente basadas en el infortunio, la pobreza, la falta de educación y oportunidades. Familias que han subsistido con ayudas sociales, haciendo de ello un modo de vida del que nunca supieron desvincularse.

Cuando «España iba bien», nada de todo esto se cuestionaba siquiera. El "pobre" quedó reducido y enquistado a la miseria callejera, donde los llamados «sin techo» pasaban por ser enfermos mentales severos, drogadictos o pendencieros.

Pero España dejó de «ir bien» para entrar en una crisis aparentemente irresoluble. Y se empezaron a tener serias carencias. Sentarse a pedir ayuda institucional no es nada fácil. Primero se agotan los subsidios de desempleo, los créditos bancarios, las ayudas familiares, los préstamos de los amigos, hasta que llega un día en el que no se tiene nada. Y con esa desesperanza a cuestas, tras mucho meditar el paso demoledor que supone marcar un número de teléfono pidiendo cita en Servicios Sociales, se entra en ese laberinto tan desconocido como desesperante, y empieza la «caza» puesta en bandeja, ya que son las propias futuras víctimas quienes acuden por voluntad propia.

Sin embargo, existe un amplio abanico de modalidades al respecto. Algunas madres son denunciadas por sus progenitores. Mujeres que nunca han acudido a Servicios Sociales, puesto que han ido a por ellas siguiendo el rastro de una demanda paternal. Padres exterminadores que no aceptan la forma de ser o vivir de sus hijas y quieren que «cambien». Les dan por donde más duele: las desmadran. Y esos niños pueden acabar en brazos de los abuelos denunciantes, con familias de acogida o en un centro de menores. Aseguran que todo es «por su bien». No importa que esa madre tenga trabajo y un hogar estable. Irán a por ellas sin más dilaciones en cuanto se pretenda poner tierra de por medio, marcando una distancia geográfica complicada de estrechar. Y la denuncia de unos padres que tachan de «mala madre» a su propia hija, no se discute: se ejecuta.

De las antiguas peleas familiares durante la infancia, adolescencia o madurez, se salta a una batalla campal en los Tribunales de Justicia en cuanto esas madres se defienden.

Lo mismo sucede en procesos contenciosos de separaciones matrimoniales. Pasamos del «la maté porque era mía», al «te quito los niños porque sé cómo hacerlo». Las mismas mentes enfermas capaces de asesinar a su mujer para después suicidarse, se despachan ante los Servicios Sociales poniendo verdes a sus exmujeres. Basta con soltar una serie de improperios (acostumbran a ser casi siempre los mismos): «Es una mala madre. No atiende al niño. Sale por las noches. No limpia la casa. Trabaja demasiado. Viaja con frecuencia. Se acuesta muy tarde. Está loca».

El lamento acusador de ese futuro exmarido ante una asistenta social será atendido con sumo interés, para tomar cartas en el asunto con carácter inmediato.

Habría que meditar muy seriamente sobre el hecho contrario, es decir, si una madre acude al mismo lugar con idéntico discurso: «Es un mal padre. No atiende al niño. Sale por las noches. No limpia la casa. Trabaja demasiado. Viaja con frecuencia. Se acuesta muy tarde. Está loco».

«El servicio de menores defiende los valores y costumbres que el Estado considera importantes, los de las clases acomodadas». Lo afirma Javier Martín, psicólogo del servicio de menores de la Consellería de Familia, Muller e Xuventude de la Xunta de Galicia.

El método europeo al respecto, muestra cómo en Alemania se retiraron más de setenta mil custodias durante 2009. En Francia, más de ciento diez mil durante 2008. En Finlandia, diecisiete mil en 2011. Trescientos mil en Suecia durante 2012. Y en Noruega, al parecer, se ha trazado un plan con claros objetivos: cuántos niños de barrio o marginales hay que *salvar*.

La figura del *padre ausente* es casi costumbrista, y la de la actual *madre ausente*, prácticamente invisible. Mujeres de un alto poder adquisitivo que apenas están con sus hijos. En caso de divorcio, nunca serán juzgadas por institución alguna, puesto que cuentan con patrimonio, empresas y rentas muy altas. Es una figura no contemplada más allá de la anécdota en lo que a la administración se refiere.

«¿Parir?... es muy sencillo: te abres de piernas, escupes el muñeco y te vas a trabajar».

Así se expresó –literalmente– una de esas *madres ausentes* en una reunión de amigos, ante la estupefacción de los presentes.

De aplicar la misma frase a una mujer sin recursos, maltratada y a punto de perder la vivienda, sus hijos serían intervenidos en el acto camino de una familia de acogida o centro de menores.

El maltrato es también caldo de cultivo institucional. Las mujeres que denuncian por violencia de género son perseguidas por las consejerías de servicios sociales. Las propias víctimas retiran las denuncias o no se presentan a los juicios por miedo a ser separadas de sus hijos pforque «no saben elegir sus parejas».

Llamadas de vecinos, conocidos, supuestos amigos o enemigos, también son contempladas. Basta con dos alertas. Cualquier discusión, enfrentamiento vecinal o consideración con respecto a los menores, quienes –acusados por otros mayores– juzgan la conducta puntual de unos padres, transmitida vía teléfono a la administración.

Los abusos sexuales dentro del entorno familiar se convierten en una auténtica cruzada ante la primera denuncia interpuesta por la madre del menor. De ahí surgen otro tipo de problemas añadidos al delito en sí, que se prolonga en el tiempo sin ser reconocido como debiera en la mayoría de los casos. También es algo que se utiliza contra las madres, a las que se aplica ese término tan confuso que se define como «preocupación mórbida».

Insisto: nada ha cambiado, excepto el perfil de las madres y sus hijos, adaptados a los avances sociales y patrones de conducta. Desde esos patrones que abren el menú institucional de centros, se comprueba sin excesiva dificultad cómo las mismas órdenes religiosas auspiciadas hasta 1985 por el Patronato de Protección a la Mujer continúan actuando en los centros de menores actuales.

Una publicación de la CGT, refiere como «Tuteladas por la gracia de Dios» a las menores internas en el Centro Montserrat, situado en Cerdanyola del Vallès. Quienes dirigen y gestionan ese centro, son las Cruzadas Evangélicas, orden secular otrora perteneciente al Patronato de Protección a la Mujer. CGT comprobó contratos, salarios y nóminas.

Es como si la legislación actual sobre centros de menores no fuera con ellas. Incumplimiento de ratios, falta de titulación de profesionales, no entrega del calendario laboral... Pero claro, ¿qué son esas nimiedades para quien participó activamente de la «labor social» del «Glorioso Movimiento Nacional»? Y es quien dirige este centro y se encarga de «proteger» a las menores que viven en él. Son las señoras del Instituto Secular de la Cruzada Evangélica, las mismas «Cruzadas» que repartían piedad y amor entre las presas de las cárceles franquistas.

Y prosigue:

No sabemos, con ese currículum, qué valores les estarán inculcando a las niñas internadas en su centro, pero quien es responsable último de esa tutela es la DGAIA (Dirección General de Atención a la Infancia).

Ellas, las Cruzadas, famosas por su crueldad con las presas de las cárceles, dirigieron también el antiguo Reformatorio de San Fernando de Henares (Madrid) y la Maternidad de la Almudena (conocido popularmente como Peña Grande), reformatorio para madres solteras donde se robaron bebés hasta 1983. Abandonaron el centro «por la persecución del partido socialista hacia las religiosas», según ellas. Y no. Se largaron del centro porque las asistentas sociales empezaban a detectar los malos tratos hacia las internas y también hacia los niños, que carecían de expresión de llanto o risa. Demasiados bebés desaparecidos como por encanto, demasiados bebés «muertos».

Puesto que tenían que recolocarse, ahora están en los centros de menores:

Se trata de un Hogar Infantil-Juvenil vertical de carácter familiar inspirado en una concepción cristiana de vida para menores en situaciones de riesgo social. Les ofrecemos a las menores educación integral de calidad, personalizada, en un ambiente de afecto, comprensión, seguridad y libertad que dé respuesta a sus necesidades básicas en todos los niveles, que favorezca el desarrollo armónico de las potencialidades de cada menor y que las encamine hacia su autonomía personal.

El centro es colaborador de la Dirección General de Atención a la Infancia y Adolescencia de Barcelona, dependiente del Departamento de Bienestar y Familia de la Generalitat de Catalunya. De los viejos barros, estos lodos.

Un extenso reportaje publicado en *El Periódico* el 8 de enero de 2017, habla de la caótica situación al respecto. Así se expresa la periodista Teresa Pérez con referencia a las Cruzadas Evangélicas:

Rezos y Catequesis. Algunos de los chavales retirados por la Dirección General de Atención a la Infancia y Adolescencia –DGAIA–, huyen del centro para visitar a sus familias. Otras escapadas acaban en embarazos no deseados. A veces, los métodos anticonceptivos que se propone a las adolescentes no son los que aconseja el sentido común. Es lo que sucede en la residencia Montserrat, de Cerdanyola del Vallès, que acoge a menores de 6 a 18 años, pero solo de sexo femenino. «Como método anticonceptivo se recomienda la abstinencia sexual».

Este Centro Residencial de Acción Educativa (CRAE), colaborador de la DGAIA, lo gestiona el Instituto Secular Cruzada Evangélica y se define «inspirado en una concepción cristiana de la vida». La CGT ha denunciado a este centro «por activa y por pasiva», explica Rodríguez. Antoni Gutiérrez, de la Acció Social de la Unión General de Trabajadores (UGT), insiste: «Además de la abstinen cia, hay rezos y catequesis».

Las religiosas adoratrices tampoco quedan atrás. Ellas, extendidas por toda la geografía española, contaron también con el auspicio del antiguo Patronato hasta 1985. Conocidas por sus reformatorios encubiertos donde las internas vivían en un régimen absolutamente carcelario, además de ser explotadas laboralmente en sus talleres de trabajo, actualmente convertidas en la «Fundación de Solidaridad Amaranta», cuentan con centros de menores tan repartidos como antaño.

Así, cada concepto cuenta con un nombre distinto convertido en Fundación:

Madres solteras sin recursos: CALIU.
Jóvenes en situaciones familiares graves: JORBALAN.
Programa de emancipación de jóvenes: PISOS JORBALAN.
Mujeres víctimas de trata: PROYECTO ESPERANZA.

En 2015, las monjas adoratrices recibieron el Premio a los Derechos Humanos Rey de España, concedido por la Universidad de Alcalá y el Defensor del Pueblo. Un magnífico artículo de Josefina Grosso publicado en el diario *Público*, acusa el siguiente titular: «Premiar a las monjas Adoratrices es una burla a la memoria histórica».

Las víctimas de sus antiguos reformatorios saltaron como la pólvora: una puñalada trapera y por la espalda. Del Patronato a los Servicios Sociales. Las mismas haciendo lo mismo, con hábiles pinceladas supuestamente modernizadas. De una institución a otra, en un espacio de tiempo muerto del que nadie había hablado. Así concluye la periodista Josefina Grosso:

> *Las mujeres que sufrieron el «destierro» en los centros que dirigían estas religiosas, encerradas por ser lo que en aquel momento se denominaba «caídas o en riesgo de caer», se llevaron una amarga sorpresa tras la concesión del premio. «Para aceptar premio alguno, primero deberían asumir lo que nos hicieron. Premiarlas es una burla a la memoria histórica».*

Siguiendo el rastro de las órdenes religiosas vinculadas al Patronato, las Oblatas han continuado (cómo no) con un patrón idéntico al de las Cruzadas Evangélicas y las Adoratrices:

> *Caminamos con las mujeres que ejercen prostitución y se encuentran en situaciones de exclusión, trabajando juntas por la igualdad, la integración y la transformación social.*
>
> *Somos un grupo de mujeres que decidimos vivir el seguimiento a Jesús, en comunidad, dentro de la Iglesia. Participamos de un carisma que nos sensibiliza para compartir la Buena Noticia del Reino en situaciones de prostitución–exclusión. Compartimos este don y esta misión con otras personas, que tienen diferente forma de vida, y con ellas constituimos la familia Oblata.*

Así se autodefinen en su página web.

Las Oblatas del Santísimo Redentor dirigieron los reformatorios más duros, actualmente extendidos con otro formato. Una exinterna de las Oblatas de Alicante cuenta que estuvo en el centro de menores embarazadas. Al parecer, las monjas extienden sus informes, que son sellados en el acto por una asistenta social. La asistenta trabaja en el mismo convento y tiene su horario laboral. Conexión perfecta. De su Dios a la administración, las chicas se quedan sin hijo por ser desordenadas, rebeldes o descaradas, según el criterio de las monjas.

M. Ángeles Ruiz Melero fue tutelada por los Servicios Sociales de Tarragona de 1996 a 1997 cuando tenía quince años. Era maltratada por su padre.

La llevaron primero al psiquiátrico de Sant Boi de Llobregat.

Decían que yo era una desequilibrada mental, una amenaza y un peligro social para convivir con otras personas en un centro. Allí permanecí solo tres días, sin que me pudieran diagnosticar trastorno alarmante alguno, tal y como afirmaron los Servicios Sociales. En el psiquiátrico me dieron todo tipo de medicación no supervisada.

De allí pasé al centro de las monjas Oblatas de Tarragona. El trato era inhumano. Nos torturaban, me pegaban a mí y a mis compañeros. Fuimos objeto de todo tipo de amenazas, malos tratos físicos y psicológicos. Yo me escapaba siempre que tenía salidas de treinta minutos. Era humillada por Sor María y Sor Isabel. Pasado un año, solicité el traslado a otro centro, y amenacé con denunciar a Las Oblatas.

Para M. Ángeles, ya atrapada en el sistema, Las Oblatas supuso el primer eslabón de su infortunio institucional.

Me trasladaron de Las Oblatas al centro La Llevant, un anexo que depende también de Las Oblatas. Las primeras semanas fueron perfectas, pero muy pronto empezaron los cambios. Quise ofrecerme para ayudar con los bebés. La tutora decía que era mejor mantenerse ocupada porque así no pensaba en mi madre, que no me quería, y por eso me había dejado en un centro, cosa totalmente falsa.

Allí estuve hasta los 18 años. Vi cómo maltrataban a bebés solo por el hecho de llorar cuando la tutora estaba en su hora de descanso: Pilar, Carmen, Fina, Sor Ascensión, esas eran las maltratadoras que hacían lo que les daba la gana, dependiendo de su estado emocional. Me daban medicación no supervisada, alegando que era para mejorar mi actitud y agresividad, cuando yo no era en absoluto agresiva. Cuidaba menores del mismo centro. Llegué a provocarme el vómito para que no quedaran restos de la medicación. Con ello, fui diagnosticada con un principio de anorexia.

M. Ángeles, tutelada hasta la mayoría de edad y marcada por el sistema, fue posteriormente separada de sus dos hijos: Thalía, de diez años, y David, de nueve. Los niños fueron enviados al mismo centro donde ella estuvo interna, continuando una rueda institucional contra la que lucha con todas sus fuerzas. Un círculo que la atrapó a los quince años y parece perpetuarse.

Las monjas Trinitarias, también dependientes en su día del Patronato, dirigen los denominados «hogares». Se dedican a los jóvenes sin hogar o procedentes de otras instituciones. Idéntica migración pasada, cuando eran conducidas de centro en centro, maleta en mano, con intención de cultivar el desafecto, evitando que se pudieran enraizar en un reformatorio determinado, tener amigas o bien asentarse de una forma u otra.

Atienden a menores procedentes de familias desestructuradas o sin recursos «con frecuencia monoparentales», de la calle o de otros centros tutelados.

Y fueron precisamente ellas, las Trinitarias, quienes llegaron a montar un verdadero imperio empresarial con sus fábricas de chocolate, confiterías, jabones, géneros de punto y ornamentos sagrados. Tanto, que fueron investigadas por el fisco en los años sesenta, puesto que no pagaban impuestos. Contaron con mano de obra gratuita: las internas.

Las congregaciones religiosas que se ocuparon de los reformatorios franquistas, ahora viven de las subvenciones. Dieron su gran salto institucional, del Patronato a Servicios Sociales. No hubo paréntesis, aunque –sin embargo– sí hay memoria (*Las desterradas hijas de Eva*).

Las mismas monjas. Idéntico cometido. Nunca dejaron de hacerlo. Pasaron del hábito al atuendo seglar. Del encierro a las calles. Una especie de libertad condicionada, muy a su pesar, por la legislación vigente. Una democracia siempre tardía para los menores, que pasaron de ser atrapados por un sistema a otro tremendamente similar. Hogares. Niños recogidos. Centros de menores. Centros de reforma. Fundaciones. Organizaciones no gubernamentales. Proyectos de nombre lírico cuyo mensaje incita a la traducción inmediata de un pasado reciente que no ha muerto, que está aquí, ante nuestras propias narices, sin que se reaccione de forma contundente, por puro desconocimiento en ocasiones y absoluta negación en otras:

Los servicios sociales funcionan de maravilla. Se está sembrando una alarma social peligrosa. Son malas madres. Los niños están mucho mejor en un centro de menores. Y lo que se dice de los centros es mentira.

Se perpetúa –también– en paralelo, desde una inconsciencia mayúscula, ese pensamiento enquistado, su simiente, la que ha permanecido escondida, casi a modo de mensaje subliminal, en nuestro propio entorno. De la ignorancia a la negación. Del dato colgado, la propia anécdota o el simple caso conocido, se ejecuta una sentencia tan rápida como urgente, idéntica en proporción a la que se mantuvo en pos de la iglesia y el Estado en su tiempo. Ese tiempo en el que hay que insistir sobre una sociedad que ignora.

De las *golfas* pasadas en manos del Patronato a las *malas madres* actuales en boca del pueblo llano. Y entre unos y otros, los niños que fueron –y son– separados de sus madres por una y otra institución, de forma prácticamente encadenada, esperarán otras cuatro décadas para ser reconocidos como víctimas de crímenes de lesa humanidad. No me remitiré, por tanto, a lo inevitable. Se trata –por todos los medios– de intentar evitarlo.

Y como muestra, un botón. Aquí adjuntamos la relación oficial de *Casas de acogida para mujeres embarazadas con problemas sociofamiliares*, donde la presencia de las congregaciones religiosas otrora auspiciadas por el Patronato de Protección a la Mujer es más que evidente:

- Andalucía. Centro para madres jóvenes. Religiosas adoratrices. Algeciras.
- Centro para madres jóvenes. Adoratrices. Centro Fuente de Vida. Córdoba.
- Centro para madres jóvenes. Adoratrices. Centro Santa María Micaela. Granada.
- Centro para madres jóvenes. Religiosas Oblatas. Residencia Virgen de Murillo. Granada.
- Centro para madres jóvenes. Adoratrices. Centro Jorbalán. Málaga.
- Casa de acogida de las Adoratrices de Vegueta para madres adolescentes. Las Palmas de Gran Canaria.
- Casa de acogida. Dirección General de la Mujer y Adoratrices. Ciudad Real.
- Unidad de Atención a Mujeres Gestantes. Oblatas. Álava.

En 2013, el Ayuntamiento de Sevilla, a través de la Delegación de Familia y Asuntos Sociales, firmó un convenio de colaboración con la institución Auxiliares Diocesanas del Buen Pastor «Villa Teresita» (entidad implicada en el robo de bebés durante el franquismo) así como con el centro «Al Alba», de las Oblatas.

En 2016, Asuntos Sociales aportó un millón de euros a las Adoratrices para...

*... mantener ocho plazas residenciales que atien-
den a mujeres e hijos con graves conflictos de convivencia, en situación de riesgo social y necesitados de
un alojamiento temporal.*

Se ha perpetuado un sistema que nunca dejó de existir. España, especialista en esos tupidos velos, mantos de silencio repetidos en idénticas manos. El paso del tiempo, convertido hábilmente en memoria histórica, no atendió esa memoria reciente, que se prolongó en democracia. Si alguna lección hemos aprendido al respecto, no es otra que la de la lucha por una verdad completamente desconocida, cuyo afloro pasa por un trabajo tan extremo como duro, realizado en la más absoluta soledad.

DE LOS NIÑOS ROBADOS
DURANTE EL FRANQUISMO
A LOS NIÑOS DE LOS SERVICIOS SOCIALES

Hay dos maneras de engañarse. La primera consiste en creer lo que no es verdad. La segunda consiste en negarse a creer lo que es verdad.

Soren Kierkegaard

Las redes sociales fueron el primer escenario de alerta. Mujeres jóvenes, de toda la geografía española, solicitaban ayuda urgente. Desesperadas, acudían a las páginas de niños robados durante el franquismo en busca de víctimas, escritores o periodistas. No se trataba solo de contar su historia, sino de relatar cómo han sido atrapadas en el sistema. Escucharlas a todas suponía mucho tiempo, de modo que empezamos a convocar reuniones de afectadas. Ellas, de distintos estratos sociales, cada una con su drama, coincidían en algo que resultaba extremadamente doloroso: «No puedo pasar un solo día de mi vida sin hacer algo por recuperar a mis hijos». Con ello, se plantan en la Casa Real, escriben al Defensor del Pueblo, buscan datos imposibles, son engañadas e incluso estafadas por profesionales, invierten hasta lo que no tienen pagando honorarios disparatados que no sirven de nada, hacen huelgas de hambre poniendo en peligro sus propias vidas, se enfrentan a funcionarios, psicólogos, educadores y técnicos, para acabar psiquiatrizadas y diagnosticadas a la ligera. ¿Cómo se espera que pueda estar una madre que es separada de sus hijos? ¿Dónde se encuentra el primer eslabón de esta cadena institucional que activa el protocolo de retirada?

Los responsables no son ancianos ni están muertos. Nos encontramos ante personas supuestamente «intachables» que ostentan grandes y pequeñas parcelas de poder, aposentados en el modelo y defendiendo ese patrón por encima de todo por «el bien del menor».

España entera parece estar convencida del buen hacer por parte de los Servicios Sociales, y en consecuencia –como Galileo– abjuramos al respecto. *Abjurar* significa retractarse, renunciar públicamente a una creencia. Sabemos que no va a ser fácil. Las madres serán nuevamente cuestionadas y expuestas a una opinión pública tan negacionista como confundida. Los medios de comunicación, hasta la fecha, publican algunos casos extremos cuyo titular alerta –de vez en cuando– del mismo modo que aquellas viejas revistas como *El Caso* y el *Por qué*, especializadas en sucesos de la época que anunciaban con gruesas letras negras los crímenes más morbosos.

El último «aviso» al respecto llegó a través de una artista. Una escultora que durante la clausura de su propia exposición, dijo: «Están robando niños, lo sabes, ¿verdad?».

Mientras tanto, las afectadas continúan acercándose a nosotras. Hablan de bebés ya tutelados en el vientre de su madre. Mujeres que ingresan en los hospitales con nombre falso para salir huyendo en cuanto dan a luz. Algunas, con los puntos de la cesárea recién cosidos, arropan a su hijo con una toquilla y se van de España. Una de ellas optó por esconderse en casa de una amiga. Fue localizada por la policía. Pasó dos años en prisión, acusada de secuestrar a su propia hija, que fue entregada de inmediato a los Servicios Sociales. No ha vuelto a saber de su niña, a la que sigue buscando.

Si hay quien se suicida por no poder pagar la hipoteca cuando el banco se queda con su casa, ¿cómo puede sorprender el intento de suicidio de una madre a la que el Estado le arrebata un hijo?

La actual legislación lo permite. Las instituciones pueden separar a los niños de sus familias sin necesidad de una orden judicial, e insistiremos en ello hasta la saciedad a través de estas páginas. Su potestad es absoluta.

Son los funcionarios quienes declaran desamparos y retiran tutelas, basándose en una serie de apreciaciones que estampan en informes, expedientes que van de un lado a otro, de cargo en cargo, engrosando una supuesta situación «de riesgo», que no siempre es tal y tampoco pasa por auxiliar a la familia biológica.

Los funcionarios no precisan autorización alguna por parte del Ministerio Fiscal, simplemente notifican la retirada del menor cuando esta ya se ha realizado. Lo que ellos llaman «situación de riesgo» entraña un término genérico indefinido sobre el que se explayan a placer incurriendo incluso en injurias, calumnias y delitos contra el honor. Su «víctima», sentada frente a ellos en busca de ayuda, asistirá a un verdadero interrogatorio del que no saldrá bien parada. Ser pobre, reconocerse como tal ante una institución, supone entregar la dignidad en bandeja de plata para que en muy pocos minutos, el tono del funcionario deje de ser amable. Se cambian las palabras y el contexto de las mismas de un modo muy hábil:

No tengo dinero – Carece de recursos.
No tengo trabajo – Ausencia de renta básica.

Búsqueda activa de empleo. Me han cortado la luz, el agua y el gas – Carece de suministros básicos.

Tengo una orden de desahucio – Domicilio en riesgo. Sin domicilio fijo. Cambios constantes de domicilio.

Mi mujer está enferma – Madre incapacitada para cuidar de sus hijos.

Mis hijos no tienen ropa de invierno – Hogar disfuncional y sin atenciones mínimas que cubran las necesidades de los menores.

Estoy muy angustiada – Precisa atención psiquiátrica. Progenitora con *Síndrome de Preocupación Mórbida*.

No cobro paro – Ausencia de renta básica.

No puedo pagar el comedor del colegio – Niños en situación de riesgo.

No tengo con quién dejar los niños cuando estoy trabajando – Desamparo.

Se consideran desamparados los menores que carecen de los elementos fundamentales para su desarrollo. Por tanto, para que la protección sea efectiva, es *necesaria la separación del núcleo familiar*. Determinar los «elementos fundamentales del desarrollo» es un camino tan ancho como inacabable. Se parte de conceptos puntuales que son finalmente estampados en los informes, que acaban falseados: Esas mujeres, esas madres, no tienen nada que ver (en la mayoría de ocasiones) con lo que se refleja en un papel que ha pasado de mano en mano, finalizando con la palabra «desamparo».

Un magnífico estudio de Pilar Benavente Moreda sobre «Riesgo, desamparo y acogimiento de menores. Actuación de la Administración e intereses en juego», se pronuncia con claridad con respecto al desamparo:

el carácter indeterminado del «desamparo», que aparece ya desde la reforma que se produce por ley 21/1987, de 11 de noviembre, al sustituir el «abandono» por el «desamparo» en el artículo 172(10). A tenor de lo dispuesto en el artículo 172.1 del Código Civil, podemos decir que son tres los requisitos necesarios para que se produzca el desamparo: a) el incumplimiento de los deberes de protección a los que se refiere el artículo 154, que puede ser total o parcial, o derivar de una actuación culposa o ajena a la voluntad de los padres. Se trata de una situación de hecho, sin valoración de causas ni intenciones. Basta con que el menor quede «de hecho» privado de la necesaria asistencia moral o material.

La autora indica que se habló por primera vez de «desamparo» en 1987, siendo un concepto indeterminado

...que necesitaba completarse, porque ni se explicaba qué se entiende por privación de la necesaria asistencia material o moral, ni qué supuestos quedarían englobados en la expresión.

«Nosotros nos encargaremos de destetar a tu hijo». Así se expresó un técnico ante una madre tras la retirada del menor.

El «amparo institucional» pasa por el ingreso del menor en un centro de acogida. Puesto que están privatizados, existe un gran interés por ocupar todas las plazas existentes. Por otro lado, las familias de acogida también cobran mensualmente, así como en otros casos de acogida cuando se trata de familia extensa.

Como ejemplo, y según orden del 21 enero de 2015, queda regulada la compensación de los acogimientos familiares de menores en la Comunidad Autónoma de Canarias.

Para acogimientos familiares en familia ajena:
- Por un menor: 20 € día.
- Por dos menores: 30 € día.
- Por tres menores: 40 € día.
- Más 10 € a partir de tres menores por cada menor de más.

Existe –además– el acogimiento profesionalizado. Se trata de personas cualificadas con experiencia acreditada en menores que se encuentren desempleados. Estos reciben 1.500 euros mensuales por acoger a un menor, en concepto de gastos y manutención.

Por otro lado, existe una asociación alemana llamada REE que abona casi dos mil euros por menor alemán acogido.

El blog *La mentira que esconde la verdad* arroja un post de titular demoledor: *Cada niño vale su peso en oro.*

Tanto si el menor es enviado a una familia o un centro de acogida, todo se hará en base a una Declaración de Desamparo. La Declaración de Desamparo es un breve documento explicativo de las razones que han llevado a la Administración a la retirada del menor de su familia. Por un lado dicho documento se entregará al Fiscal de Menores y por otro se llevará copia del mismo a la oficina de la Seguridad Social próxima a la sede de cada institución -en Cataluña, DGAIA.

La declaración de desamparo se conduce a la Seguridad Social con la única intención de solicitar la prestación por hijo a cargo para personas jurídicas. Y el autor del blog prosigue:

En dicha solicitud la DGAIA se presenta como el tutor a cargo del menor –por lógica– y solicita la llamada Prestación Familiar. La prestación familiar es una pensión no contributiva que puede solicitar cualquier familia con hijo a cargo siempre y cuando no rebase un cierto límite de ingresos. ¿Quién recibe ese dinero? La Ley es clara: tiene derecho a percibir la PNC el menor y por su misma condición de menor se arroga la prerrogativa el tutor del menor y en consecuencia para los niños retirados por la Administración catalana, la DGAIA. La Ley no establece ninguna diferencia entre los progenitores biológicos o cualquier otro ente que ostente la tutela. Así que cuando la DGAIA presenta la solicitud a la delegación de la Seguridad Social en Drassanes la acompaña del número de la cuenta de Bancaixa donde desea que se ingrese las cantidades a percibir. Todas las solicitudes se tramitan como positivas, a menos que el menor ya cobre la prestación con anterioridad, puesto que la Administración Central otorga veracidad a todas las solicitudes por proceder de otra Administración y porque de hecho no tiene medios para investigarlas del mismo modo en que investigaría a las personas jurídicas solicitantes bajo circunstancias parecidas.

Los desamparos generan dinero a la administración, que a su vez, controla los centros privados de menores, aun desvinculándose oficialmente de una institución a otra, que figuran como independientes, y de ellos se derivan multitud de Asociaciones y Fundaciones «sin ánimo de lucro», que se nutren de los donativos de grandes marcas.

El sistema no apuesta por socorrer a las familias necesitadas. Las separa. No solo hijos de madres, también separa parejas que no pueden continuar juntas al carecer de techo común. Lejos de facilitar cualquier tipo de solución urgente que mantenga unida a la familia, destripan hogares en el acto mientras la unidad familiar sucumbe a esos informes *psicosociales* que se realizan a merced de impresiones y apreciaciones instantáneas mientras la víctima –que ya lo es– tiembla.

Tiembla de miedo sin saber –todavía– lo que se está jugando. Con lo que jugarán ellos sin que les tiemble el pulso. Esas caras de póker instauradas en el rostro de cada funcionario, que aun mirando a los ojos, no atiende las miradas. Siempre gana el papel. Siempre pierden las madres. El clima moral del asunto brillará por su ausencia.

- Vivienda fija.
- Hogar estable.
- Trabajo estable.
- Saldo bancario.

Se pide ayuda a la administración como último recurso. Cuando se está a punto de perder la vivienda. Cuando no se tiene trabajo. Cuando el saldo bancario está en números rojos o simplemente no existe. Cuando te acabas de separar de tu marido y este te amenaza con quitarte los niños. Cuando lo que fue un hogar en su tiempo, se encuentra partido en dos. Y cuando se está sola, completamente sola, sin nadie más a quien acudir, porque se han agotado ya todas las posibilidades.

Es una sensación de vergüenza que no conoces. No así –cuenta Elena–. *Cuesta mucho dar ese paso. No sabes cómo te van a recibir. Al principio solo aspiras a que te faciliten paquetes de comida, y en ese momento sabes que entras en una espiral de marginalidad de la que querrás salir cuanto antes, porque como te enquistes, estás perdida. A veces ni siquiera se esfuerzan lo más mínimo en ser amables. Te examinan. Las miradas son inquisidoras. No sabes cómo poner las manos. Crees que todo en ti es escaso e incorrecto. Te confiesas: «Soy pobre». No esperas compasión, solo ayuda. Lo que se entiende por «echar una mano» que fuera ya no tienes, puesto que cada uno tiene su vida y sus problemas. Empiezan las preguntas, y tras cada respuesta, te sientes mucho peor. Yo no sabía de este tipo de vida. Era una persona normal. La empresa donde trabajaba hizo suspensión de pagos, y nos dejaron a todos en la calle sin un euro. Empezaron los pleitos, que son siempre largos, y entretanto, hay que comer, pagar las facturas, vestir a los niños... se te hace un agujero que vas llenando con empleos inestables, contratos basura de quince días cuando has trabajado treinta pero te dicen que han estado «formándote», y ese medio mes no lo cobras. Conozco todos esos contratos por obra y servicio, todos los engaños y triquiñuelas empresariales. No importa: llega un momento en que significan una semana de comida. Sigues, y no te rindes. Sigues llamando a los anuncios, te desplazas andando hasta la otra punta de la ciudad porque no tienes ni para el billete del autobús. Calculas tu horario laboral, que debe coincidir con el colegial, porque no te puedes permitir un canguro. Casi siempre acudes a recoger a los niños sin comer, con el café con leche de la mañana. Nada más.*

Pero sigues, y no te rindes. Aceptas cualquier cosa que te llene la nevera, esperas al último día para pagar las facturas de suministros, algunos con recargo incluido. Aprendes a estirar cinco euros casi hasta el fin de tu mundo: mientras haya aceite, patatas y huevos, todo tiene algún tipo de solución. Vives al día, hasta que amanece uno en que no tienes nada. Te cortan el gas. Bañas a los niños con el agua caliente de la lavadora, que vacías con paciencia hasta llenar un barreño. Calientas la comida en el microondas, que aumentará sensiblemente la factura de la luz, pero no te queda otra. Y el mes siguiente, te cortan la luz. Queda el agua, que -dicen- es un bien común y no se puede cortar, pero lo hacen. Debes tres recibos de alquiler. No has encontrado ningún trabajo basura en los dos últimos meses. Alguien te cuenta de un lugar donde puedes vender algunos centímetros de tu melena. Diez como mínimo. Y ese día les dices a tus hijos que has ido a la peluquería para cambiar de estilo. Empeñas tus pequeñas joyas. Son pocas, pero significan unos días más de resistencia. Ya no sabes qué hacer ni a qué puerta llamar, y en un momento de desesperación, lees los anuncios de contactos. Acudes a una dirección. Timbre verde. Estás a punto de pulsarlo, pero te vas llorando. Y es en ese momento preciso cuando decides acudir a los Servicios Sociales. Cuando ya no tienes nada y presentas las facturas del alquiler, la luz, el agua y el gas, frente a una persona que no te conoce de nada. Tú la miras, al principio, como si fuera tu abogado. Crees sinceramente en esa ayuda que pueden prestarte, pero no sabes que su trabajo es otro.

«Nosotros trabajamos por el bien del menor». Te lo crees. ¿Cómo no les vas a creer, si eres su madre y te has sentado ahí por ellos?

Hacen muchas preguntas. Te obligan a recordar un pasado que olvidaste y al que no quieres regresar. Sí, tuve un marido que me maltrataba. También bebía. Se marchó, y no he vuelto a saber de él, ni quiero. No, no tengo pareja. No salgo por las noches. Me acuesto a las once y me levanto a las siete. Claro que sé cocinar. No, no tengo calefacción y tampoco aire acondicionado. Mis padres murieron cuando yo era muy joven. Tengo amigos, claro que tengo amigos que me ayudan en lo que pueden. Sí, busco trabajo todas las mañanas. Perdí el último por fin de campaña, no porque yo no fuera eficiente. Sí, he tenido cuatro trabajos en seis meses porque se trataba de contratos temporales, no porque llegara tarde. Nunca llego tarde. Soy una persona seria y puntual. No bebo alcohol. No consumo drogas. No padezco ninguna enfermedad crónica. No tomo pastillas para dormir.

¿Pero qué más quieren saber de mí?... Salí de allí completamente desconcertada y con una ansiedad acuciante. No me prometieron nada. Ni siquiera hubo una palabra de aliento. Simplemente una cita, y otra, y otra. Acudí a una de ellas con mucha fiebre. Me preguntaron por el colegio de los niños. Hablaron con los profesores. Todavía no había podido comprar los libros, es verdad. No tenía con qué. Esperaba poder hacerlo la semana siguiente. No hubo semana siguiente. Mis hijos fueron declarados en desamparo.

Yo carecía de hogar estable. No tenía trabajo fijo. No sabía elegir correctamente mis parejas. Mi familia se encontraba en "situación de riesgo", y una mañana se presentaron cinco policías en casa para llevarse a mis hijos.

Desde ese día lucho por recuperarlos. No puedo dormir, y estoy tomando somníferos. Mi vida entera se ha roto. Lloro a todas horas. Pienso en ellos cada segundo. Me han dicho que podré tener visitas una vez por semana delante de un educador social. Encontré un trabajo, pero me desmayé el primer día y me despidieron. No consigo concentrarme en nada. Solo veo la carita de mis hijos. La casa se me cae encima. Estoy al borde del desahucio, pero eso no les importa absolutamente nada.

Yo pedía muy poco. Lo justo para salir del bache y poder buscarme la vida, como he hecho siempre. Pero ya no tengo vida. Maldita sea la hora en que decidí sentarme delante de ellos.

A veces pienso que debí pulsar aquel botón verde, tragar saliva y hacer de tripas corazón. Pero no pude. Juro que no pude. Ahora sé que de haberlo pulsado, nada de todo esto habría pasado".

El desgarrador testimonio de Elena no es muy distinto a otros. La retirada se produce rápidamente en muchas ocasiones, aunque no en todas.

Me los quieren quitar –dice Silvia–. Me separé de mi marido cuando descubrí que abusaba de nuestra hija de siete años. Denuncié, creyendo que estaba todo muy claro y que la justicia me daría la razón. Pero me pusieron en duda, como si me lo hubiera inventado por venganza. Los Servicios Sociales han estado en mi casa. Aquella mañana, limpié y ordené como si me fuera la vida en ello. No sabía cómo presentarme ni cómo podrían interpretar mi hogar desde fuera. Todo me daba miedo. Mi exmarido declaró que soy una mala madre. Así de fácil, «mala madre», cuando no lo soy. Yo te juro que no lo soy.

Nadie quiere escucharme. Los niños tienen un régimen de visitas con el padre, y yo me echo las manos a la cabeza. ¿Cómo puedo saber que no está abusando de nuestra hija mayor? Jamás pude imaginar algo así de él. Era un hombre normal y teníamos una vida sexual plena. No me cabe en la cabeza, pero lo ha hecho. Me lo dijo la propia niña.

¿Qué puedo esperar de la justicia si ahora lo que más me preocupa es que no se lleven a mis hijos...? Me estoy volviendo loca. O mejor dicho, me están volviendo loca. Hasta he llegado a pensar que es ese el objetivo, que pierda la razón. Sueño que se llevan a los niños. Me despierto empapada en sudor y corro hasta su habitación para comprobar que están allí, dormidos...

Elisa, madre de dos hijos, narra un episodio realmente aterrador que demuestra, una vez más, la sinrazón del asunto:

Mi antigua vecina, una chica de treinta años, vivía sola con su hija de seis. Al parecer, sus ingresos parten de una renta que le dejó su madre en herencia, por lo que no trabaja. La niña siempre ha estado aseada, es decir, bien vestida y limpia. Cara a lo que se entiende como «la galería», todo parecía correcto. Sin em-

*bargo, no la llevaba al colegio de forma asidua por-
que se dormía. La criatura, sola, vagaba por el piso
dando golpecitos a la pared, y me decía: «Vecinita, vecinita ¿puedo ir a tu casa un ratito?». En más de una
ocasión alerté a la madre sobre lo sucedido, y me con-
testaba que «como se había portado mal, estaba casti-
gada sin colegio». Una noche, más allá de la una, la
niña lloraba desconsoladamente y golpeaba la pared
de nuevo: «Vecinita, estoy aquí sola, mi mamá se ha
ido, tengo miedo». Llamé a la Guardia Urbana. Se
presentaron dos agentes. A los diez minutos, la madre
apareció. Ante semejante escena, dijo que había baja-
do un momento a comprar tabaco. Nadie alertó a los
Servicios Sociales, ni siquiera la Guardia Urbana. Y
esa niña estaba en riesgo. Esa mujer no se ocupaba de
ella como debía. A partir de aquel suceso, la convivencia vecinal se hizo imposible. Me vi metida en un
bucle de amenazas, insultos y denuncias. En menos de
un año, la madre tuvo dos parejas distintas con las
que convivió. Los escándalos eran frecuentes. Recuerdo un domingo por la tarde en el que echó de casa a
la última pareja, tirando todos sus objetos personales
por el hueco de la escalera. Pocos meses después, se
marchó del piso y la perdí de vista, aunque supe de
ella. Al parecer, y tras otro episodio de abandono temporal por la noche, la niña golpeó la pared de
su nueva vecina, que alertó directamente a Servicios
Sociales. Puesto que la madre contaba con ingresos
mensuales notables y un saldo bancario importante,
no se activó protocolo alguno. Me contaron que la
casa estaba limpia, la nevera llena y la niña aseada.
No soy juez, solo soy madre. Y ante esto, me pregunto
dónde está el exceso y dónde el defecto. He sido testi-*

go presencial de un gran defecto. Esa niña sí estaba en riesgo. A una criatura no se la deja sola ni se la castiga sin ir al colegio. A su madre, alguien debe enseñarle a ser madre, porque no sabe. Y eso es algo que creo tiene solución. A diario leo casos espantosos sobre retiradas de tutela completamente injustificadas, y no quiero decir con eso que a mi exvecina debieran retirarle la tutela de su hija, sino enseñarla a ser madre, que no es tarea imposible. Las alertas deben ser activadas con motivos reales, como fue el caso que he vivido. El hecho de tener dinero y una cuenta en el banco, no significa nada más que eso: dinero. Me indigna que separen a madres de hijos por pobreza y no se cuestionen casos donde el dinero parece ser la herramienta de defensa fundamental. Aquí dejo mi pequeño granito de arena, que espero sirva de algo.

¿Qué tipo de criterios se están siguiendo para retirar tutelas, y dejar pasar casos realmente alarmantes en los que no se actúa? Ante un menor conflictivo, tanto los técnicos como los centros de menores, intentan por todos los medios quitarse el problema de encima. ¿Depende de las personas, del sistema en sí, del caso concreto?... Hemos recogido testimonios de todo tipo y llegando hasta el fondo del asunto. Comprobamos las dos caras de la moneda y recopilamos documentos.

Yo he visto cómo cuidadores voluntarios de los centros se liaban con las niñas –nos cuenta Esteban–. La menor que acogí, era hija de una mujer que había vivido lo mismo con su propia madre, a la que encontraron muerta en un hostal miserable, ahogada en su propio vómito. Esa madre creció sin referentes, no es mala persona, simplemente no da más de sí. Tiene cuatro hijos. Cuando eran bebés, los cuidaba muy bien. Es incluso exageradamente limpia. Estaban perfectamente alimentados y respetaba al máximo los horarios de los niños: comida, sueño... Ella ya estuvo en un centro de menores y ha repetido el patrón. Con su hijo mayor estuvo cuatro años, y no tuvo reparo en entregarlo porque la pareja que entonces tenía no quería al niño. Se fue y no regresó. Para ella, el hombre está por encima de todo. Fuimos pareja un tiempo y lo dejamos. Tuvo una segunda hija que tenía dos años cuando nos separamos. Pese a que no era mía, mantuve contacto con ella solo por la cría. Era muy rara. Me la llevaba a casa y se sentaba sobre alguno de mis hermanos para tocarle el paquete. Un día le pidió a mi hermano que le diera un beso, y se lo dio en la mejilla: «¿Qué pasa, ya no te gusto?» –dijo ella, y tenía seis años.

Es muy problemática, ha vivido cosas que no son normales para una niña, y repite patrones que ha visto en su madre, que ha llegado a mantener relaciones sexuales con hombres delante de ella. Uno de los novios la llamaba «bastarda», y estaba acostumbrada a vivir episodios muy violentos. Llegó a inventarse unos abusos sexuales por parte del novio de su madre, y lo hizo para llamar la atención. Siempre ha estado rodeada de adultos, no era infantil, miraba de forma lasciva. Yo acudí a las asistentas sociales en busca de ayuda, no me hicieron el mínimo caso y nunca existió documento alguno que hiciera constar el hecho de que vivía en mi casa. La tuve en acogida dos años. Su madre ni llamaba por teléfono para saber cómo estaba. Viví una escena terrorífica que con el tiempo he llegado a comprender. Al denunciar la niña los falsos abusos sexuales por parte del novio de su madre, la llevé al ginecólogo de los servicios sociales. El médico le decía «eres muy fea», y ella ni se inmutaba. La trató con mucho desprecio. Me quedé estupefacto cuando le dio una palmada en el trasero y ni siquiera lloró. Acto seguido, le bajó las bragas delante de mí, y la niña se abrió de piernas con cara de vicio. «Esta niña ha sufrido malos tratos físicos y psíquicos», dijo el ginecólogo.

Finalmente, yo no podía continuar ocupándome de ella, puesto que entraba a trabajar a las cuatro de la mañana. La madre dijo que no podía tenerla, y se presentaron un hombre y una mujer muy «hippie» para llevársela a un centro de menores situado en la sierra madrileña, donde estuvo cuatro años. Allí, los internos campaban por sus fueros, les dejaban solos cogiendo el metro a edades demasiado tempranas. Yo pedí ayuda psicológica y no me hicieron ni caso. Estaban deseando deshacerse de ella, no la asistieron ni se preocuparon. Ahora tiene 18 años y repetirá la trayectoria de su madre, que ha tenido mellizos con otro hombre y los servicios sociales no han movido pieza al respecto. ¿Alguien me puede dar algún tipo de explicación razonable?".

C.P. V. narra un episodio no menos alarmante:

Una mujer alemana, joven, madre de dos hijas. Vivía de la pensión de su exmarido, que era bastante alta. Era la promiscuidad hecha mujer. Se liaba con cualquiera y mantenía relaciones sexuales delante de las niñas, de 5 y 7 años. Nunca tuvo casa propia. Se iba a vivir con parejas que le duraban tres meses, y una noche durmió en la calle con las niñas. Tenía la habilidad de responsabilizar a los demás, y las crías pedían comida, no las llevaba al colegio, a veces hasta iban sucias. Llamamos a la Guardia Urbana. No se hizo nada. Dijeron que había que localizar a su exmarido en Alemania. La mujer desapareció, y nunca he sabido más de ella ni de las niñas.

Loli E. vivió en primera persona un cambio radical que supuso tal giro en su vida que no puede olvidarlo:

Me dieron un piso de protección oficial, no pude elegir la zona. Estaba separada y con dos hijos, además mi empleo no era estable. No estaba en situación de poder elegir nada. Me vi en una de las zonas más marginales de la ciudad. Peleas, gritos, la policía presente todos los días y a todas horas, niños descalzos por la calle, sin escolarizar, dejados de la mano de Dios. Criaturas de siete años fumando porros y diciendo 'te voy a rajar', paquetes de droga que lanzaban desde los coches... nunca se presentaron los Servicios Sociales, y te aseguro que eran muy necesarios. Creo que tenían miedo. He visto enfrentamientos brutales con la policía, palizas, de todo. Aguanté allí hasta que pude cambiar de piso. Todos esos niños eran carne de prisión, nadie se ocupaba de ellos. ¿Malas madres?... no, ni siquiera eso. No conocían otra cosa, ellas habían vivido lo mismo. Estaban encalladas en una marginalidad de la que nadie se ocupó, y han repetido ese perfil, generación tras generación. Esos chavales son delincuentes en potencia.

Esos chavales de los que habla Loli, son el pavor de los centros de menores. No los quieren. Violentos, carentes de los mínimos referentes y problematizados hasta la médula. De la calle a la cárcel. Del destete a la heroína. ¿Dónde están los Servicios Sociales?

Genevieve Van Wyde formula la pregunta del millón: *¿Qué causa que una madre pierda la custodia de sus hijos?*, y respondiendo a su propio titular, apunta tres motivos:

Abuso y negligencia: Una madre puede perder la custodia de sus hijos si no realiza pasos por protegerlos después de que han sido abusados por su cónyuge o pareja.

Actualmente, se denuncian abusos sexuales que son puestos en duda, y el progenitor reacciona con una denuncia por falsedad. Con ello, se entra en una espiral de peleas judiciales en la que muchos niños son retirados o entregados al padre denunciado, que tiene derecho a visitas.

Segundo motivo:

Abuso de sustancias por parte de la madre: En 2006, un estudio realizado por los Institutos Nacionales de Salud, mencionó que el abuso de sustancias era uno de varios factores que conllevaban a que las madres perdieran la custodia de sus hijos. Las madres en el estudio eran dependientes de sustancias ilícitas y alcohol, fueron víctimas de violencia doméstica, y tenían historias de negligencia en su niñez. Los resultados del estudio probaron que las circunstancias no saludables y el abuso de drogas contribuían al retiro de los hijos de sus madres.

Multitud de casos al respecto, nos muestran cómo se está acusando a madres de consumir sustancias sin que sea contemplada la prueba negativa en un análisis de tóxicos. Por supuesto que hay madres toxicómanas que necesitan ayuda, y con historias terribles que precisan actuación por parte de los servicios sociales. Pero no todo el monte es orégano.

Y el tercer caso que contempla Genevieve Van Wyde es el siguiente:

Servicio militar en ultramar de las madres: Los padres solteros y las parejas laborando en la milicia –parejas donde el esposo y la esposa trabajan en la milicia– deben contar con un Plan de Cuidado Familiar en caso de que ambos sean enviados a una zona de guerra. El Plan de Cuidado Familiar establece los arreglos que los padres han realizado por el cuidado de sus hijos mientras se encuentran en ultramar. Estos arreglos incluyen quién es responsable por el cuidado de 24 horas de los hijos, y quién es responsable de tomar las decisiones médicas y educacionales de sus hijos. Si el excónyuge de una madre divorciada es un civil, no hay un lazo legal entre el Plan de Cuidado Familiar. Puede legalmente presentar la custodia de sus hijos mientras el excónyuge se encuentra en ultramar.

Al final del artículo, varios enlaces donde se ofrecen abogados especialistas en divorcio, y una fotografía cuyo pie nos dice: «Las madres ya no son vistas de manera automática como el mejor padre».

Si nos remitimos únicamente a esos tres casos expuestos, la confusión está sembrada. Alrededor de la retirada de tutelas, en lo que a prensa se refiere, existe tal multitud de opiniones (y como tales, libres) que la oficialidad se cuestiona. Al respecto, mencionar un dato importante facilitado por muchas madres que proceden de distintas comunidades autónomas: se ocultan los nombres de los trabajadores. Los servicios sociales y sus instituciones por extensión, omiten el nombre completo de sus técnicos, educadores y demás. Los funcionarios no dan sus apellidos, y en muchas ocasiones, ni siquiera el cargo. Acostumbran a presentarse de dos en dos. Que en las tarjetas de un organismo oficial consten como toda identificación impresa "Elena y Montse", es inaudito.

Por otro lado, en lo referente a técnicos, una víctima del IMAS (Instituto Mallorquín de Asuntos Sociales), nos cuenta que por toda identificación, tienen un número: «Técnico 513», y así se extiende en sus tarjetas impresas. Ante semejante entramado que la mayoría ignora, por ley, es obligatorio identificarse, cosa que ellos no hacen, por tanto, se convierte –sobre el papel– en un servicio al margen de la legalidad.

A muchas de sus víctimas (porque son suyas, sin duda, puesto que en eso las han convertido), no se les permite entrar con su abogado. Se arrebatan hijos con patada en la puerta, montando un escándalo considerable, sin contemplar el trauma que se genera en el niño, rodeado de policías, con su madre llorando y camino de un centro de menores cuya dirección ni siquiera se facilita durante meses. Será que forma parte del «destete» declarado a las madres. Con semejantes líneas de actuación, la madre tiene tanta pena como miedo, y la mujer maltratada incluso se cuestiona una sumisión humillante con tal de no pedir ayuda a los servicios sociales, sabedora de que tacharán su hogar de «inestable» y al menor le colgarán en un tris la etiqueta de en «riesgo». ¿Dónde está la ayuda real a la violencia de género cuando se entra en semejante laberinto institucional? ¿Dónde está ese «bien superior del menor» al que tanto se alude?

Con todo ello, un sinfín de mujeres destrozadas, de niños institucionalizados a cambio de un «estudio» que se prolonga durante seis meses y por el que la institución percibe una cantidad de miles de euros más que considerable. Mientras tanto, las llamadas de atención desesperadas por parte de las madres aumentan de forma tan sensible como alarmante. Intentos de suicidio grabados en video, amenazas temporales, producto de grandes crisis ansiosas, incluso intentos de recuperar a sus hijos por la fuerza. Saben que al séptimo mes se inicia un proceso de adopción legal.

Cuidado: ustedes no son los dueños de esos niños que pretenden convertir en Hijos del Estado. Las madres se están organizando, y su unión hará la fuerza. La misma con que no consiguen retirar tutelas a familias gitanas: ¡Cuánto le queda por aprender al *payo*! Que los dedos acusadores no puedan dirigirse únicamente al «Técnico 313», a «Elena y Montse», o al lucero del alba. Empiecen por dar (todos) sus nombres completos, para poder ser identificados como corresponde.

Pobreza y maltrato unidos –o por separado– suponen el caldo de su cultivo, la pócima que se ensaña y somete, que prepara otra cuna en casa ajena donde cobran lo suyo mientras niegan las ayudas a madres biológicas. Pero han llegado ya demasiado lejos y hablamos de miles de madres afectadas. Esas mujeres mutiladas por el Estado (desde una razón carente de corazón), están ya con el puño en alto, organizadas, y concentrándose por toda España. Muchas de ellas tienen miedo. Son amenazadas por los técnicos: «Si te estás quietecita, reactivaremos las visitas». «Como sigas con la huelga de hambre, despídete de tu hijo hasta los 18 años». «Tú no tienes derecho a ser madre ni a irte de vacaciones. Como vuelvas a salir en algún medio de comunicación, perderás todo lo que hemos avanzado». Es un pulso institucional que funciona de forma unilateral, puesto que las advertencias y amenazas hacia las madres pasan por las palabras de un funcionario, que actúa por su cuenta y sin riesgo, seguro de sí mismo y sabedor del sistema que le asiste. En cualquier caso, son palabras que se las lleva el viento y que posteriormente niegan haber pronunciado. Por ello, cada vez son más las madres que acuden a *La Tienda del Espía* en busca de pequeños aparatos de grabación, tanto de audio como de voz. Es su única prueba real de lo que está sucediendo. En algunos puntos de encuentro han colocado inhibidores de frecuencias.

Esos inhibidores se han llegado a colocar incluso en el Congreso de los Diputados para evitar que se pudieran retransmitir en directo determinadas comparecencias a puerta cerrada de las que no queda rastro alguno.

Una madre afectada a la que separaron de sus tres hijos, colgó en *YouTube* el video grabado con un pequeño reloj que adquirió en *La Tienda del Espía*. Le han suspendido las visitas de forma indefinida. Las madres saben que deben conservar ese material como oro en paño y entregarlo a su abogado. La verdad solo se encuentra en ese tipo de cámaras ocultas, en manos de mujeres desesperadas que las utilizan como última medida. Nadie las cree.

Los funcionarios se han convertido en los administradores del dolor. Su poder es inmenso. Nunca una oposición dio para tanto ni concede semejante campo de actuación en ningún ámbito. Los padres de los niños tutelados por «pobreza» continúan batallando sus miserias y acuden a comedores sociales, acusando un deterioro moral incalculable, así como el de sus hijos, psicológicamente destrozados.

Llegan muertos de miedo. Allí no se les da cariño. Comen bien y duermen en cama caliente. ¿Eso es todo? ¿Por qué no se les da esa ayuda a los padres? No. No se puede separar a un menor de su familia solo por «pobreza».

Así se expresa un trabajador social que no quiere dar su nombre.

Nadie hablará. Los funcionarios tenemos pánico a perder nuestro puesto de trabajo. La mayoría, traga. Solo unos pocos, contados, decidimos dejarlo antes de continuar colaborando con todo este entramado. Hemos sido los presos burocráticos de un sistema que vulnera los derechos del menor, esa materia prima que nutre a muchísima gente.

¿Dónde queda el trasiego de bebés robados en manos de Sor María Gómez Valbuena?

¿Habrán sido ellos y ellas, curas, médicos y monjas, los grandes maestros de una trama chapuza que contiene –todavía– más de trescientos mil niños robados? He aquí la perfección hecha institución, el modelo del robo legal de niños, basado en el antiguo patrón de una «pobreza moderna» e inocente que confiaba en los servicios sociales.

Mujer maltratada: pacta con tu futuro asesino.
Mujer vegana: tienes que ser carnívora.
Mujer modelo, actriz o cantante: eres una golfa.
Mujer pobre: búscate la vida o métete a puta.
Madre soltera: estás sola y no puedes hacerte cargo de tu hijo.

Idénticos argumentos a los eximidos por el antiguo Patronato de Protección a la Mujer, que desapareció para dar paso a un sistema terriblemente similar.

En 2016, Carolina Bescansa acudió al Congreso de los Diputados con su bebé. El periodista Federico Jiménez Losantos, se despachó al respecto:

Si hubiera un servicio social, le retirarían la custodia a esta señora, a la Bescansa, por mala madre, por maltrato infantil, por exhibir al niño para pedir el voto, que es bastante más sórdido que hacerlo para pedir limosna. Porque a veces la limosna es necesaria, el voto no le hace falta. A lo mejor el niño iba dopado, porque desde las nueve de la mañana hasta las cuatro de la tarde y el niño aguantando «flashazos» sin ponerse a llorar, hacer pipí o popó. A lo mejor es que hacía lo de antaño: El chupete con anís o Valium y el niño a dormir, que es como pedían limosna esos rumanos.

Desde estas páginas hemos decidido responder a Losantos con otra historia:

Una mujer joven que aseguraba no haber conocido varón, se quedó embarazada. Su marido era un carpintero en paro. No contaron nunca con domicilio fijo. Ella dio a luz en un establo y decía ser la madre de Dios. Hacía mucho frío, por lo que el bebé se calentaba con el aliento de una mula y un buey. Llegaron los servicios sociales. La madre fue ingresada en un psiquiátrico, donde se le aplicaron severas medidas de contención debido a sus delirios mesiánicos. El niño fue separado de sus padres. Se lo llevó la policía envuelto en una manta azul, pese a la negativa de tres sujetos llamados Melchor, Gaspar y Baltasar, que decían ser Reyes Magos. Sin embargo, la estampa de esa familia pobre y desestructurada, se expone en todos los centros de menores el 25 de diciembre de cada año como modelo de familia celestial. Ante ella, cantan y rezan los hijos del Estado, tocando la pandereta:

> *Madre, en la puerta hay un niño*
> *más hermoso que el sol bello*
> *parece que tenga frío*
> *porque viene medio en cueros.*
> *Pues dile que entre y se calentará*
> *porque en esta tierra*
> *ya no hay caridad.*

EL SISTEMA

Estando tú lleno de llagas, eres médico de otros.
Eurípides

Enrique Martínez Reguera, pedagogo, filósofo y escritor, afirma que los niños pobres suponen una de las fuentes de ingresos más importantes del país. Ha dedicado más de la mitad de su vida a los menores del poblado madrileño de La Celsa, llegando incluso a acogerlos en su propia casa. Se ocupó de menores a los que nadie quería y a los que nadie atendía. Acusa directamente a los maestros de escuela: «van diciendo que los niños son peligrosísimos. Los medios de comunicación tienen tal capacidad de penetración, que sin darnos cuenta, estamos sometidos a un lavado de cerebro». Así se expresó en una entrevista a *diario.es*.

En cuanto a las llamadas familias desestructuradas también se muestra tajante:

Es una fantasía que no tiene nada que ver con la realidad. Yo he llegado a la conclusión de que la noción de familias desestructuradas es perversa, racismo puro. Hay familias muy desestructuradas en un aspecto y maravillosas en otros. Ahora tienden a identificar persona y conducta, y eso pasa con la familia desestructurada.

Con todo, Enrique Martínez Reguera, cuando a finales de los años 70, el Gobierno de España decide legislar sobre niños (hasta entonces se legislaba únicamente sobre adultos), sabedores de que «si modificas a los niños, modificas el futuro», Martínez Reguera llevaba diez años trabajando con niños difíciles, y su influencia al respecto era tal que incluso los jueces mandaban a los menores a su domicilio particular. Ante su propio asombro, le llamó Landelino Lavilla, entonces Ministro de Justicia: «Queremos contar con usted para elaborar un instituto del menor que modifique las leyes españolas». Un equipo de 21 personas *expertas* para el Ministro se pusieron a trabajar en un anteproyecto de Ley del Menor. Entre ellos se encontraba el Juez de Menores Luis Mendizábal, ya fallecido, así como el famoso padre Ángel. Martínez Reguera estuvo trabajando en el Ministerio de Justicia cuando en el mes de junio les comunican que el proyecto corre prisa, por lo que se reunieron con intención de realizar una síntesis para entregar a Landelino Lavilla. Durante el mes de septiembre, la televisión lanza una intensa propaganda que se prolongó dos semanas: «Hemos reunido a un grupo de expertos que han elaborado el Proyecto de la Nueva Ley de Menores». No daban el nombre de nadie. Decían se iba a llamar «Estatuto del Menor». Tras la propaganda televisiva, los 21 *expertos* del Ministro, se enteran de que se va a presentar en el Congreso, por lo que solicitan les pasen un borrador del texto correspondiente. Al conocer el contenido del mismo, comprueban que les habían convocado para hacer todo lo contrario, la antítesis de lo que ellos trabajaron, puesto que el nuevo texto aniquilaba por completo la vida del educador. La Ley fue aprobada por todos los partidos políticos sin formular una sola pregunta al respecto. El Juez Mendizábal protestó, sintiéndose engañado. «¿Pero cómo sois tan ingenuos?», respondieron con la más absoluta desfachatez.

En 1978, Luis Mendizábal, Juez del Tribunal Tutelar de Menores y Presidente del Estudio para el Derecho del Menor, uno de los 21 expertos burlados por Landelino Lavilla, realizaba las siguientes declaraciones en *El País*: «Los Tribunales Tutelares de Menores responden a una legislación del siglo pasado». Durante el Seminario Nacional de Protección a la Infancia que se celebró en abril del año 1978, en Madrid, fue un defensor a ultranza de la reforma legislativa que «ahora se perfila como segura».

Es evidente –señaló Luis Mendizábal a El País– que tal y como hoy los conocemos, los Tribunales no cumplen una función muy positiva. Necesitan una reforma profunda, empezando por dotarles de un personal especializado y con plena dedicación, cosa que ahora no sucede. Uno de los aspectos que más se han discutido últimamente es la injusticia que supone el privarles a unos padres de la tutela de su hijo, incluso de la patria potestad, cuando no se les ha prestado la ayuda necesaria para superar las dificultades que han podido ser causa de la falta de un menor. Ante todo es necesario arbitrar un sistema de ayuda social y económica de promoción cultural que atenúe lo más posible estos problemas familiares. Al margen incluso de las situaciones irregulares del menor, porque a este no se le puede aplicar el calificativo de delincuente, es necesario que el Estado intervenga precisamente en situaciones como las separaciones matrimoniales, en que el niño se encuentra en medio de los intereses de los padres, sin que haya nadie que le proteja. Esta función se encargaría de ejercerla una persona concreta, el defensor del niño, una figura que debe quedar claramente señalada en la Constitución. Algo parecido habría que arbitrar en casos como los de los niños golpeados. Además de la mera asistencia médica, es necesario analizar la situación de la familia.

Los 21 *expertos* burlados de Landelino Lavilla no pudieron hacer nada. Fueron utilizados sin más. El proyecto fue elaborado por la Interpol para toda Europa, donde se impuso, para ser colocado más tarde en toda América Latina. «El gran capital hizo una legislación para todo el mundo, lo hizo la Interpol» –cuenta Martínez Reguera– y el trabajo de aquellos 21 *expertos* de Landelino Lavilla quedó para siempre guardado en un cajón.

En 1981, por el Real Decreto 2352, se traspasaron los servicios del Estado en materia de Protección a la Mujer (antiguo Patronato de Protección a la Mujer).

Dicha ley argumenta que la antigua aplicación legislativa resultaba tan inadecuada como desfasada, además de excusar al Departamento de Justicia «que no podía cumplir adecuadamente las finalidades de protección que le habían sido encomendadas sin llevar a cabo un cambio sustancial». Añade que «la protección se extiende hasta la mayoría de edad civil sin discriminación de sexos, con lo que se respeta el principio constitucional y se sustituyen los viejos conceptos contenidos en la ley del Patronato de Protección a la Mujer de 1952».

El Patronato funcionaba por Juntas Provinciales, y según el BOE del 14 de noviembre de 1983, se ordena el traspaso de Funciones y Servicios de Administración del Estado a la Comunidad de Galicia en materia del Patronato de Protección a la Mujer. Firman dicho traspaso de funciones: José Elías García y Mariano Rajoy Brey (entonces secretario de la comisión mixta prevista en la disposición transitoria cuarta del Estatuto de Autonomía de Galicia).

¿Era conocedor Mariano Rajoy Brey de lo que sucedía en los centros auspiciados por el Patronato? ¿Firmó el traspaso de funciones con absoluta conciencia de lo que firmaba? ¿Sabía que se robaron bebés en la llamada Maternidad de la Almudena, conocida popularmente como Peña Grande? ¿Se ocupó, en algún momento, de conocer al detalle las funciones de las congregaciones religiosas adheridas a la institución? Las mismas congregaciones gestionan los actuales centros de menores. ¿Lo sabe Mariano Rajoy?

Quien realizó la entrega de funciones del Patronato por la Comunidad de Madrid, fue Joaquín Leguina, a quien habría que preguntar exactamente lo mismo.

Del Patronato de Protección a la Mujer a las modificaciones de la Ley del Menor que permiten actualmente retirar tutelas al funcionariado, se dieron muy pocos pasos en el tiempo. Con ello, en rápido un punto y seguido, se ha perpetuado el sistema.

En ese «nuevo sistema», se crea el Consejo asesor y coordinador «cuya función primordial es mejorar la actuación de la administración pública en los diferentes campos que afectan a la problemática del menor». La mejora de la actuación de la administración pública, pasa por concederles todo el poder.

Se incluye la figura del *delegado de asistencia al menor*, y la Ley dedica un título a la tutela de menores por «defecto o inadecuado ejercicio de la patria potestad o del derecho de guarda y educación».

Se definen «una serie de principios rectores a fin de establecer el respeto a los derechos del niño regulados por tratados, acuerdos y declaraciones internacionales». Y acto seguido apunta «así como una serie de garantías individuales ante la intervención de la administración», sin especificar al respecto.

Las líneas de actuación «deberán realizarse en su medio natural, el internamiento del menor será siempre el último recurso».

En cuanto a la acogida provisional, se define el «centro de acogida» como el lugar donde se presta una atención inmediata y transitoria para «menores abandonados o maltratados».

Según el artículo 51, las medidas preventivas son las siguientes:

-Asistencia a centros abiertos, talleres u otros servicios comunitarios.

-Asignación de un delegado de asistencia al menor.

-Destinación a centro de régimen abierto: hogar o residencia.

-Destinación a un hogar, confiando al menor a una persona o familia por el tiempo necesario hasta que el retorno a su familia de origen sea posible.

El artículo 53 indica que:

El internamiento de un menor será siempre el último recurso a emplear y solo podrá acordarse cuando no sea posible ninguna otra medida. La estancia del menor tendrá siempre carácter provisional y deberá procurarse que sea lo más breve posible. Por tanto, ordeno que todos los ciudadanos a los que sea de aplicación esta Ley, cooperen en su cumplimiento y que los Tribunales y autoridades a los que corresponda la hagan cumplir

13 de junio de 1985

La «cooperación» ciudadana, pasa por denuncias directas o bien llamadas telefónicas en las que se «acusa» a una familia de maltrato, desatención o abandono. Dichas «acusaciones», parten, en ocasiones, de antiguas o nuevas rencillas personales, peleas entre vecinos y asuntos ajenos al hecho que se relata. Si el denunciante es un exmarido, se ejecutará con mayor contundencia cualquier acción.

Por otro lado, el internamiento del menor, muy al contrario de lo que expone el artículo 53, es –realmente– el primer recurso a emplear. Los menores son arrancados de los brazos de sus madres para ser conducidos a un centro, sin más, perdiendo todo contacto durante meses con su familia, labor que llaman «destete», de forma no oficial.

Sobre el papel, todo parece indiscutible. Sin embargo, la extensión y deformación de los conceptos se estira a placer de la propia denuncia para ser presentada ante los técnicos como algo crónico y sin vía alguna de solución inmediata. Y puesto que son ellos, los técnicos de la administración, quienes deciden y sentencian, sin la necesidad de que actúe juez alguno, antes de que se pueda reaccionar, el menor estará en una familia de acogida o bien en un centro. La «reparación» familiar se realizará de forma externa y sin niño, a modo de castigo límite con la intención de que los progenitores duden incluso de sí mismos, al tiempo que se sientan lo suficientemente amenazados como para protestar o exigir sus derechos más elementales. «Si haces lo que te decimos y cumples el plan de trabajo, podrás ver a tu hijo una hora a la semana en visitas supervisadas».

Para entonces, ya se está bajo las garras de la administración, que someterá a las familias a una serie continuada de entrevistas con los técnicos, de un departamento a otro, engrosando el expediente. Mientras tanto, nos preguntamos seriamente quién piensa durante todo ese proceso en «el interés superior del menor», que permanece, llorando sin consuelo, en cualquier centro, donde será medicado para que no moleste sin pasar por la consulta de médicos o psiquiatras.

Desde ese marco legal, existen unos principios de actuación que se definen como:

- Situaciones de riesgo.
- Situaciones de desamparo.
- Circunstancias familiares graves.

Será cada Comunidad Autónoma quien encomiende la protección del menor, a través de la Consejería competente de Bienestar Social.

Sobre ello, se sostiene insistentemente que «el principio de actuación es siempre el interés del menor».

Más de lo mismo. Miles de niños se encuentran retenidos sin que hayan estado jamás desamparados. La «situación de riesgo», pasa –en su mayoría– por problemas económicos, que se catalogan como «circunstancias familiares graves», sin que la administración atienda sus peticiones más básicas, como ayuda para el alquiler evitando el desahucio, paquetes de comida o ropa, ayuda para el pago de suministros (pobreza energética). Tanto el riesgo como el desamparo se meten en el mismo saco, resumiendo la situación como circunstancia familiar grave que la administración ni atiende ni remedia como debiera. Conclusión: separar hijos de padres y madres camino de un centro de menores.

Las separaciones matrimoniales contenciosas entran de forma alarmante en los expedientes de retirada. Mujeres víctimas de violencia e hijos que han padecido abusos sexuales. La *ayuda* se convierte en un acto Salomónico, así como la demostración de situaciones reales que son puestas en duda por la administración.

Se clasifican como tipologías de desprotección infantil:

- Maltrato físico.
- Negligencia.
- Maltrato emocional.
- Abandono emocional.
- Abuso sexual.
- Corrupción.
- Explotación infantil.
- Incapacidad en el control de la conducta del menor.
- Maltrato prenatal.
- Síndrome de Munchausen.
- Abandono literal.
- Situación de necesidad familiar.

Este último concepto permite colocar cualquiera de los anteriores.

El síndrome de Münchhausen es un trastorno mental caracterizado por los padecimientos a consecuencia de crear dolencias para asumir el papel de enfermo. El paciente «crea» y hasta se produce autolesiones para lograr unos síntomas físicos y/o psicológicos con conciencia de acción, pero forzado a ello por una impulsión relacionada a su necesidad de consideración por terceras personas de ser asistido/a.

Wikipedia

La facilidad con que se aplica el síndrome de Munchausen, así como el síndrome de Munchausen por poderes (trastorno en el que la madre de un niño causa lesión y enfermedad a su hijo de forma deliberada), la forma en que se aplica dicho síndrome, basándose en detalles o actitudes de un ámbito familiar conocido en dos días, es más que alarmante.

Asimismo, se califica a las madres de «preocupación mórbida», concepto que se estampa en los informes cuando luchan por recuperar a sus hijos.

En cuanto a la lista de tipologías infantiles de desprotección, nos encontramos ante términos que se cruzan fácilmente sin que haya pasado por ellos un examen profundo y preciso, en la mayoría de ocasiones incluso por falta de tiempo, así como una ausencia absoluta de dedicación y análisis detallado.

Se presentan informes falsos y manipulados. Existe un interés evidente en problematizar los casos hinchando el conflicto de tal forma que la retirada se justifique sobre el papel.

José Antonio y Elena perdieron la custodia de su hijo en 2008. El niño pasó a una familia de acogida en régimen de preadopción. Les llegó una carta anunciando la entrega del menor. Decía que no estaba escolarizado, que no le daban de comer y que iba sucio y mal vestido. «No están capacitados para cuidarle».

El menor estaba escolarizado y nunca le faltó de nada. Tanto el padre como la madre trabajaban, por lo que precisaban el servicio de una niñera, que se ocupaba del niño en su ausencia.

«Nos han robado un hijo con mentiras. No son personas, son animales», así se expresó José Antonio, el padre.

¿Cómo pudo desatarse tamaño disparate? Un día, dejaron al niño a cargo de un familiar, que lo envió a por un kilo de azúcar a una tienda que se encontraba muy cerca. El pequeño se perdió al no conocer el barrio, y entró en una cafetería en busca de ayuda. El propietario del establecimiento llamó a la Policía y se interpuso una denuncia por abandono.

En 2009, Elena dio a luz un nuevo hijo que les fue retirado al nacer. Los hermanos ni siquiera se conocen.

Ella cobra una pensión por minusvalía, y José Antonio es
propietario de una sidrería.

Continúan luchando por recuperar a sus dos hijos.

El llamado *informe psicosocial* supone la prueba fundamental en los procesos contenciosos de familia. Para la mayoría de los abogados «la prueba principal, y al mismo tiempo, la prueba más oscura, por no decir ilegal». Últimamente
se les está negando el acceso a dicha prueba a los letrados.
Para muchos, supone el manto legal con que se cubren los
jueces, y son pocos los que osan llevar la contraria al gabine-
te psicosocial.

Resulta imposible poder demostrar que los psicólogos se
equivocan o que presenten informaciones falsas. Existe, al
respecto, una presunción de veracidad concedida de antemano, hecho que condiciona la decisión de los jueces en el momento de retirar custodias o regímenes de visitas a un menor.
Al respecto, la periodista Patricia del Gallo afirma:

*Desde hace unos meses, varios padres de distintos
puntos del país han denunciado que esos informes se
realizan sin base científica, y están manipulados y tergiversados. La Fiscalía General del Estado ha abierto
una investigación.*

Los informes están elaborados por trabajadores sociales y psicólogos. Aunque se practican protocolos muy similares en la mayoría de los casos, no existe una línea de trabajo realmente definida al respecto.

Durante tres o cuatro horas, se realiza una entrevista personal en la que se tratan distintos temas: forma de vida de los hijos, antecedentes familiares, estado emocional y demás apreciaciones sobre la pareja y núcleo familiar.

Los test de personalidad que se aplican normalmente son:

-Cuestionario Cuida: se utiliza en casos de tutela y custodia, así como de valoración para adoptantes. Se evalúa la capacidad de las personas para cuidar de otra.

-Clínico Multiaxial de Millon: prueba psicométrica para el diagnóstico clínico de adultos que presentan alteraciones emocionales o están en tratamiento. No debe ser utilizado en casos no clínicos.

-Rorschach: test que evalúa la personalidad a través de diez láminas manchadas de tinta. Partiendo de las respuestas, el psiquiatra o psicólogo deduce el estado psíquico del examinado.

Los menores también son entrevistados.

Incluso el ámbito escolar puede activar intervenciones:

"Al parecer, ahora están controlando incluso en los colegios a los niños que no traen los libros a principio de curso", cuenta Rosa. Y es verdad que están separando hijos de sus padres con una facilidad que asusta. Controlan los retrasos, las ausencias, más allá de una lógica elemental. Determinados colegios -especialmente los públicos- activan un protocolo de intervención desde el más absoluto desconocimiento.

He sido testigo presencial –afirma Ana, maestra–, de cómo a una madre con problemas económicos graves, se le dijo que llamarían a Servicios Sociales para que se hicieran cargo del niño. Me puse como una fiera y pude impedirlo. Está fallando el sistema y su modelo. Esto es muy peligroso.

Solo se aceptan los informes institucionales. No aceptan otros que puedan aportar las familias, bien de médicos privados, mutuas o seguridad social. Las familias se encuentran atrapadas en ese menú estatal, sin poder realizar otro tipo de pruebas por su cuenta.

«Lo que nos has traído no sirve para nada. Nosotros mandamos, ¿te has enterado?».

Desde 2015, las familias que reciben ayuda alimentaria por parte de la Federación Española de Bancos de Alimentos o Cruz Roja deben probar con un informe de los Servicios Sociales la veracidad de sus necesidades, además de participar en programas de inclusión laboral.

El propio colectivo de trabajadores sociales se mostró contrario a dicha medida, argumentando el asunto con contundencia:

«No al certificado de pobreza (siempre hemos rechazado nuestro papel como "certificadores de pobreza" de los Servicios Sociales, influidos por quienes vivieron la época del "carnet de beneficencia")».

«Va a colapsarnos aún más».

«Es una medida asistencialista que obliga a olvidar otras funciones».

«Defendemos que se nos visibilice, pero nos asusta que la población general acuda a nosotros ante el miedo al colapso».

«No queremos hacer certificados de exclusión».

María Suárez, trabajadora social, se manifiesta claramente en contra del sistema de protección de menores:

Es profundamente injusto. Actualmente, tener ideas propias sobre alimentación, sueño, vestido, aseo o cualquier otra circunstancia relativa a la crianza y educación de los niños, no es motivo para realizar una retirada de tutela, aun cuando sean desconcertantes o poco usuales para los profesionales; siempre y cuando no sean causantes de un problema de salud física o mental real no basado en prejuicio.

Y añade:

Como madre y como profesional me planteo: ¿qué ha fallado aquí? Conozco las instituciones. Y sinceramente, me asombra y no me extraña al mismo tiempo. Estamos asistiendo a un ejemplo más de la degradación de los sistemas de protección por intereses del mercado. Así tan fuerte como suena.

La relación perversa del trabajo social en relación con las familias funciona así: por un lado, se establece una relación empática basada en conocer para entender y apoyar, para prestar ayuda y conseguir recursos sociales para mejorar las condiciones de la familia, este es el lado bueno; y por otro lado, se observa, con un plan premeditado, cómo está la relación familiar en cuanto a la relación con los menores para detectar posibles situaciones de riesgo o de desamparo, y este es el plan oculto. Es decir, por un lado se intenta ir de «amigo» de los padres, y por la otra cara de «detective», sabiendo que si hay algo que indique problemas se va a actuar contundentemente. Este es el lugar en el que están actualmente los trabajadores sociales. En el que el sistema les ha colocado, y ellos han aceptado estar. Además de que el plan oculto no se explica a los padres, y cuando se pone en marcha aparecen en escena mecanismos que les son ocultados: reuniones de otros profesionales, comisiones, informes y valoraciones de las que no solo no participan, sino de las que no son siquiera informados.

En lo referente a los informes, María no se queda atrás:

No existe la posibilidad de rebatir los informes o aportar algo en su defensa, son juicios sin que ellos estén siquiera presentes. Luego serán informados, y serán citados y escuchados, cuando la medida ya ha sido ejecutada. ¿Alguien se puede imaginar una situación parecida, donde eres citado a declarar una vez que estás en prisión donde te han conducido tras un juicio en el que se te condenó sin estar tú presente?

Así es el actual sistema de protección de menores. La Comisión de Tutela es un órgano administrativo, son funcionarios quienes deciden.

En una grabación de audio que se me facilitó, la trabajadora social se ofrece de forma «personal que no profesional», a una madre. Le arrebataron a su hijo de seis años, que actualmente se encuentra en un centro de menores. Nunca hubo desamparo. Esta es la conversación, que no se reproduce completa:

—En la próxima visita, coge a tu niño y sales corriendo. Yo no habré visto nada.
—¿Pero qué dices?
—No te lo van a devolver. Salva a tu hijo.
—¿Dirías esto delante de un juez?
—Por supuesto que no. Me ofrezco a nivel personal, nada más. Y ya estoy haciendo mucho.

La trabajadora social temía perder su trabajo. Muchos se encuentran en la misma situación ante los abusos de la administración tutelar, algunos entre la espada y la pared. Otros, incluso se retiran, y la mayoría, defienden el modelo.

Los colegios de abogados, psicólogos y trabajadores sociales de Sevilla dieron, en 2010, un paso que «puede contribuir a diluir el clima de impunidad e indefensión que se vive en las retiradas de tutela» (Fuente: *ABC*). Así, se estableció un convenio para crear un turno de oficio en la protección de menores.

Las familias biológicas que se enfrentan a la retirada de sus menores por parte de la Administración no saben que tienen derecho desde ese estadio previo a la fase judicial a un abogado de oficio –en la mayoría de los casos carecen de recursos para contratar uno– ni medios para recabar los informes periciales de profesionales que aportar en la fase probatoria una vez que estén delante del juez.

Asunción García Acosta, de Pro Derechos Humanos del Menor, advirtió que cuando la retirada entra en sede judicial, es casi imposible retroceder. Por ello, recomienda, desde el primer momento, que los afectados reciban una asesoría en condiciones.

«Yo he visto un caso –relató– de una familia estupenda que le retiraron al niño porque no iba con asiduidad a la escuela».

Por su parte, Gabriel Velazmán, letrado experto en menores, recordó que:

En Sevilla ha habido casos escandalosos, como el de Carmen Fernández, que murió con doce sentencias ganadas que no se ejecutaron, y una vez fallecida, la Junta la indemnizó con 1.073.600 euros.

Carmen Fernández luchó durante más de once años por sus hijos Iván y Sara. Murió sola, a los 49 años, en una residencia para enfermos terminales. Padecía un cáncer de pulmón. La Justicia reconoció su error, calificando de «calvario causado por las arbitrariedades de la política de acogimiento de la Junta de Andalucía, así como las decisiones del juez de familia Francisco Serrano».

Su abogado, Gabriel Velazmán, se refiere a Carmen como una «madre coraje». Su enfermedad, según sentencia de la Audiencia «era consecuencia directa o indirecta del sufrimiento soportado».

Los servicios sociales de la Junta de Andalucía le retiraron la custodia de sus hijos, de seis y cuatro años, en 1996, alegando desamparo y alcoholismo. Carmen trabajaba como limpiadora en las Tres Mil Viviendas. Demostró su total rehabilitación. El proceso de preadopción de sus hijos a una familia de Dos Hermanas no se impidió en ningún momento. En el centro de menores donde estuvieron los niños, les dijeron que su madre había muerto, y por muerta la daban hasta que la Audiencia reconoció que debían volver con su madre biológica. Su hija Sara, ahora de dieciséis años, regresó con su madre.

La indemnización establecida nunca llegó a cobrarla en su totalidad, aunque recibió un anticipo de 210.000 euros, con el que alquiló un piso en Madrid, donde ahora residen su madre y su hija Sara. Iván, que pudo visitar a su madre meses antes de morir, heredará la indemnización completa junto con su hermana, puesto que Carmen luchó por conservar la patria potestad. Su abogado, Velazmán, resume los últimos once años de la vida de Carmen como «un calvario. Luchó en absoluta inferioridad por sus hijos. Vivió pobre y sufrió muchísimo».

El juez Francisco Serrano fue condenado en 2011 por «prevaricación culposa» al modificar el régimen de visitas de un menor para que este pudiera salir en una procesión durante la Semana Santa sevillana. La Fiscalía solicitó, en principio, diez años de inhabilitación. La denunciante y madre del menor, solicitó 20 años. Finalmente, el Tribunal Constitucional anuló la condena. Fue el abogado Íñigo Moreno Lara quien denunció al juez Serrano. Dicho abogado ingresó en prisión en 2016, para cumplir una condena de 21 meses de cárcel por maltrato psicológico continuado contra su esposa, a la que llamaba –entre otras lindezas– «puta cajera de supermercado».

El caso «Iván y Sara» se paralizó en seis ocasiones por decisión del Juez Serrano. En 2006 se fijó un régimen de visitas con los menores. El juez Serrano no acordó el encuentro de Iván con su madre hasta febrero de 2007, un año después de la sentencia. La visita tuvo lugar gracias a la recepción de una carta manuscrita de Sara, en la que imploraba al juez encontrarse con su hermano Iván porque su madre se moría. Los padres acogedores de Iván presentaron un certificado del psicólogo: «Los encuentros no son convenientes para el menor».

En los Juzgados. Sobre el papel. Error tras error. Un fallo garrafal del sistema que destrozó la vida de Carmen.

En Jaén, unos padres fueron detenidos por malos tratos. Se les retiró la tutela de su hija junto con una orden de alejamiento que se prolongó durante tres meses.

María Dolores Talavera y Luis Gil recuperaron a su hija María Luisa tras una larga batalla judicial. Una doctora dictaminó que la niña tenía quemaduras de cigarrillos. Falso. Se trataba de una dermatitis. Fueron separados de su hija durante tres meses y han vivido un infierno. Finalmente, la justicia falló a su favor.

Su historia empezó cuando un profesor del colegio se percató de unas marcas superficiales en el cuerpo de la menor. El mismo profesorado contactó con un médico que observó a la niña mientras jugaba en el patio, y se activó el protocolo en manos de la Junta de Andalucía, que declaró el desamparo. Finalmente, se comprobó que las lesiones de la niña no eran más que picaduras de mosquito, por lo que se rascaba insistentemente, hecho que provocó una dermatitis escoriasis nerviosa. Más tarde, la menor incluso fue sometida a exámenes ginecológicos por si había sufrido abusos sexuales de sus progenitores, a los que no se les pudo acusar de abusos, aunque sí de malos tratos, ya que en el informe constaba que sus padres le habían causado nada menos que doscientas quemaduras. Finalmente, la Justicia dictaminó que jamás existieron esos malos tratos. Pero el daño está hecho. Luis y María Dolores cerraron su tienda de alimentación, debido a la insoportable presión que supuso tanto su detención como posterior acusación. El Colegio Sebastián de Córdoba dice respetar lo dictaminado por el juez e insiste en que los profesores hicieron «lo correcto».

En 2002 y también en Jaén (Segura de la Sierra), la Junta de Andalucía retiró a los padres la custodia de una niña de nueve años por supuestos malos tratos. Se demostró que las lesiones se debían a una caída. Pese a que la Justicia falló en favor de los progenitores, la Junta manifestó que la actuación administrativa fue correcta.

Un caso similar es el de unos padres que fueron separados de su hijo. El Tribunal Superior de Justicia de Catalunya condenó a la Generalitat a indemnizar a los padres con 980.000 €. El vínculo es ya irrecuperable, puesto que el menor, de nueve años, vivió siempre con otra familia.

En el año 2000, los progenitores eran toxicómanos. La madre dio a luz a un varón que fue ingresado en un centro de acogida. Los padres se sometieron a un programa de desintoxicación, pero la Conselleria de Bienestar y Familia activó la adopción.

Según la sentencia, la Dirección General de Atención al Menor hizo caso omiso a los padres, que una vez rehabilitados, quisieron recuperar a su hijo. El Tribunal afirmó lo siguiente: «Se actuó sin ninguna cautela ni respeto, ni mínima atención a los padres biológicos, constituyendo un acogimiento de forma imprudente, temeraria y apresurada».

Así, ante la Dirección General de Atención al Menor, parece ser que no existe la recuperación de ningún toxicómano, marcado de por vida, se rehabilite o no. Se ignoró por completo el progreso de esos padres, su evolución personal y reintegración social. Sí, fue una familia desestructurada que se estructuró de nuevo. Se sometieron a un largo proceso de terapia. El caso, llevado en 2004 a los tribunales, y pese a que la Generalitat presentó un recurso, fue ganado por los padres del niño.

Alcohol, drogas, cualquier tipo de delito o falta, ya sea civil o penal, o bien un desorden vital reconducible que parte (en la mayoría de ocasiones) de una problemática económica, impiden que esas familias que luchan por recuperar a sus hijos, regresen a su lado. Las sentencias llegan demasiado tarde, mientras la lentitud de la justicia crece al mismo tiempo que el menor, y el reloj de su vida continúa avanzando. El precio del error, ya sea un millón de euros o menos, justifica una vez más, sobre el papel, la «solución» administrativa. El daño ya se ha hecho y es irreparable.

En 2015, unas 600 familias a las que la Generalitat de Catalunya retiró la tutela de sus hijos denunciaron públicamente el modelo de protección a la infancia, argumentando la rigidez y opacidad del sistema, que impide recuperar al menor.

Un reportaje de Caralp Mariné en catalunya.cat arroja datos escalofriantes al respecto:

El modelo catalán de protección a la infancia ha sido puesto en duda por diversos colectivos, expertos y afectados por el sistema, que critican la forma como se llevan a cabo los procedimientos de desamparo, es decir, la retirada de la tutela familiar de un menor por situaciones de riesgo. Los afectados cuestionan un modelo donde la Administración tiene unas competencias absolutas sobre el destino de los niños y el futuro de sus familias. Un procedimiento en el que las partes afectadas están desprotegidas y no tienen posibilidad de defenderse de la mano de un abogado, como sí ocurre en los procesos judiciales. En este modelo son los técnicos los que hacen la evaluación y proponen el desamparo, una decisión que separa a los menores de sus padres y los aleja de su casa. Al menos dos entida-

des aglutinan más de 600 familias disconformes con cómo les han retirado a sus hijos.

Seguidamente una extrabajadora social habla sobre el procedimiento de retiradas de custodias:

Tenemos una estructura parajudicial que con pocos recursos debe evaluar cosas muy importantes y el riesgo a equivocarse es muy grande.

En Catalunya (datos del último trimestre 2015), 6.692 menores se encontraban tutelados por la DGAIA. De estos, 4.800 fueron declarados en desamparo por maltrato y desprotección infantil, a saber:

2.800 constan como casos de negligencia por los motivos siguientes:

- Alimentación
- Higiene
- Atención Médica
- Educación
- Vestimenta
- Vigilancia
- Seguridad

Jaume Funes, educador social y exadjunto por la defensa de los derechos de los niños del Síndic de Greuges, afirma que «se aplican medidas drásticas cuando la mayoría de situaciones son variables, deberíamos ser más flexibles. Parece más fácil actuar sobre el niño que no ayudar a las familias».

Ceneta Pi, extrabajadora de la DGAIA y autora del libro *136 dies al niu del cucut* (*136 días en el nido del cuco*) se refiere al sistema de protección a la infancia como

Asimismo, la misma Ceneta Pi declara que los Equipos de atención a la infancia y adolescencia son los que realizan las investigaciones, juzgan y sentencian, algo insostenible desde un punto de vista jurídico.

Ceneta Pi trabajó nueve años en la DGAIA, tiempo más que suficiente para conocer el sistema en profundidad, y asegura que:

El blog titulado *La mentira que esconde toda la verdad* informa sobre la presentación del libro *136 días en el nido del cuco*, escrito por Ceneta. La información al respecto no tiene desperdicio. El autor del blog nos cuenta que

La presentación realizada en Barcelona ha sido el más claro ejemplo de lo que Hannah Arendt llamaba «la banalidad del mal».

Entre los asistentes al acto, se encontraba un antiguo director de la DGAIA, Xavier Soley, y Elisa Trujillo, apartada del CRAE Petit Príncep de Santa Coloma de Gramanet por irregularidades graves.

> *Y entonces –prosigue el autor del blog– me he dado cuenta de que Ceneta Pi trabaja actualmente en Justicia. Y que Xavier Soley, Elisa Trujillo y la propia Ceneta han formado parte de una misma lista electoral al presentarse por CiU a la alcaldía de Sant Adrià del Besòs. ¿Qué están criticando entonces esta gente? Ellos han formado parte del Sistema, y que yo recuerde, cuando lo hacían no dijeron ni pío. ¿O es que se estropeó justo cuando ellos salieron o fueron echados del mismo?*

No movieron pieza cuando eran funcionarios. El título de la obra, que se refiere al «nido del cuco», alude a una magnífica película de Milos Forman estrenada en 1975 que cuenta la historia de cómo un hombre condenado por asalto, rebelde y antisistema, es ingresado por la justicia en un psiquiátrico. Así presenta *Filmaffinity* la sinopsis:

> *La inflexible disciplina del centro acentúa su contagiosa tendencia al desorden, que acabará desencadenando una guerra entre los pacientes y el personal de la clínica con la fría y severa enfermera Ratched a la cabeza. La suerte de cada paciente del pabellón está en juego.*

Sorprendente –cuando menos– que una extrabajadora de la DGAIA acuda al «nido del cuco» para contar la historia de un menor tutelado. ¿Qué hizo para evitarlo mientras estaba en activo? ¿Dónde están todas esas «enfermeras Ratched» de los Servicios Sociales y centros de menores?

Por tanto, coincidimos de principio a fin con la frase con que se despide el autor del blog *La mentira que esconde toda la verdad*:

El sistema, queridos míos, sois vosotros. Que durmáis bien esta noche: los niños tutelados fuera de su familia no lo harán.

EL FUTURO DE LOS MENORES
EN MANOS DE LA ADMINISTRACIÓN

La Verdad ha de presentarse de tal manera, que convenza sin atar y que atraiga aun sin convencer. Esto sólo puede realizarlo el lenguaje del corazón.
Sabiduria Arcana

Revocar un desamparo únicamente es posible por vía judicial. Muchas de las familias afectadas no pueden hacerlo por falta de recursos, y acuden al turno de oficio. En muy pocas ocasiones, un juez ha decretado la nulidad del desamparo.

El Dr. Sergio Haimovich del Hospital del Mar de Barcelona lo consiguió. Fue separado de sus tres hijas en el año 2008 por una acusación de malos tratos. Dos años después, el juez revocó la decisión, puesto que nunca pudieron ser acreditados los malos tratos hacia las menores. Tras la sentencia, se inició el proceso de la custodia, por lo que Haimovich tardó cinco años más en poder actuar como padre de sus hijas debido al proceso de intervención administrativo. El futuro de las familias intervenidas está en manos de cuatro funcionarios, así de sencillo. El Departamento de Trabajo y Asuntos Sociales reconoce que se da un papel relevante a los equipos técnicos competentes en todos los procesos de desamparo. Desde la administración, se afirma que los equipos están muy preparados, cuentan con una formación específica y se les da formación complementaria.

En 2016, se revocó el desamparo de una menor basado en la enfermedad mental de su madre. En la sentencia se aplicó el Convenio de Nueva York de los derechos de las personas con discapacidad. La madre de la menor padecía una enfermedad mental controlada y nunca existió riesgo físico alguno al respecto. El Juzgado de Málaga ordenó la reintegración inmediata de la menor con su madre.

Con referencia a las personas discapacitadas, una ley aprobada en 2015 exige que los sordos y los ciegos no puedan contraer matrimonio sin autorización médica. A partir de ahí, ¿qué se puede esperar cuando se decreta un desamparo?

Al respecto, Henar Pascual, sorda, experta en accesibilidad universal, declaró a *El Confidencial*:

> *Han provocado situaciones de desamparo de las personas con discapacidad visual o discapacidad auditiva o sordoceguera en procesos notariales, judiciales y otros de naturaleza delicada, perjudicando notablemente sus intereses. Si todas estas personas contaran con servicios institucionales y profesionales realmente accesibles y adecuados, no se encontrarían en las situaciones de desamparo.*

También en 2016, se paralizaron diez casos de custodia. *La Voz de Galicia* informó al respecto: «Una guerra de Juzgados Vigo - Pontevedra paraliza diez casos de custodia de niños». Doce padres de Vigo querían recuperar la custodia de sus hijos, declarados en desamparo. E.V. Pita habla de pleitos complicados y delicados

> *porque quienes inician el proceso son padres que consideran que la Xunta les ha quitado a su hijo y están dispuestos a presentar batalla. El Gobierno Autó-*

nomo envía al niño en abandono a un centro de tutela
de menores mientras que, desde fuera, sus padres re-
vocan el desamparo.

Judith Martínez Velasco, presidenta de SIMICAT (Stop Impunidad Maltrato Infantil), acusa de falta de transparencia e imposibilidad de negociación:

Mientras se estudia el caso, y hasta la fecha del de-
creto de un desamparo, a los afectados no se les hacen
llegar los documentos elaborados por la administra-
ción. Los informes de los técnicos no se entregan al
afectado, y el desamparo ya está hecho. La indefen-
sión es absoluta. Los jueces colocan a las víctimas en
un limbo jurídico. El Fiscal debe informar cada seis
meses y no se hace, es así como se silencia el robo de
menores por parte del Ministerio Fiscal. ¿Se sigue el
hecho punible o el sujeto punible? Las víctimas aca-
ban criminalizadas. Se cobra por cada desamparo.
Bienestar Social, a su vez, alimenta Fundaciones y
Asociaciones con subvenciones. Es un negocio redon-
do.

Se ha engañado a toda la población. Se la ha confundido pública y oficialmente. El Estado no quiere nuevos modelos de familia. No quiere niños libres. No quieren familias fuera del sistema. Se persiguen las *ecoaldeas* (comunidades ecológicas sostenibles social y económicamente). Robert Gilman fue uno de los promotores internacionales de las *ecoaldeas*, y así las define:

Una ecoaldea es un asentamiento humano concebi-
do a escala humana, que incluye todos los aspectos

*importantes para la vida, integrándolos respetuosa-
mente en el entorno natural, que apoya formas saludables de desarrollo y que pueda existir indefinida-
mente.*

Los habitantes de *ecoaldeas* acostumbran a ser vegetarianos o veganos, condición también perseguida por los Servicios Sociales.

Celia Vélez Gómez vive con su marido, Julio, en una
ecoaldea situada en Hoyo de Pinares (Ávila). Tienen tres hijos de nueve, siete y cinco años. Celia dio a luz a sus hijos
mediante partos naturales. La hija pequeña, con síndrome de
Down, estaba en programas de estimulación.

*Mi marido y yo tuvimos una pelea. Interpuse de-
nuncia y se activó todo el protocolo. La pediatra decía
que le daba demasiada teta a mi hija y que el hecho de
ser vegetariana suponía un factor de riesgo. Yo vivía
dedicada a mis hijos, ejerciendo una crianza natural.
En el pueblo tenemos incluso nuestras propias galli-
nas.*

*Se presentaron tres policías en casa. Yo pensaba
que era un malentendido. Llevaba a mi hija atada a
un gran pañuelo a modo de mochila, y me arrancaron
a la niña de los brazos. Esto sucedió en 2014. En 2015
se llevaron a las dos mayores a un centro de menores.
La pequeña está con una familia de acogida. Actualmente tenemos un régimen de visitas. Cada tres meses,
una hora, y llamadas telefónicas mensuales de 15 minutos.*

Cristina López Manzano vivía en una *ecoaldea* de Escocia. Es vegana.

Un viernes 17 de enero de 2014, Cristina vivió la peor pesadilla de su vida. La policía irrumpió en su domicilio como si de un servicio terrorista se tratara para llevarse a Àngel, que fue violentamente arrancado de los brazos de su madre entre gritos desgarrados y un llanto desolador. Una denuncia interpuesta por los padres de ella desató todo el entramado institucional de Servicios Sociales. Sí: denunciada por sus progenitores, porque no están de acuerdo con la forma de ser y pensar de su hija.

Cristina es piloto comercial de avión. Vivía felizmente en Escocia con Àngel hasta que decidió pasar unas vacaciones en Esporles, municipio mallorquín donde residen sus padres. Ellos pretendían que Cristina se quedara a vivir allí para siempre, y de alguna forma lo han conseguido, con las artimañas arteras más desnaturalizadas que pueda imaginar cualquier mente humana. Como sucedía con las antiguas víctimas del Patronato de Protección a la Mujer, actualmente basta con que la conducta de una hija sea contraria a los deseos de sus padres para que se impongan los rigores familiares a golpe de denuncia. No hemos cambiado nada, aunque somos mucho peores en lo que a menús estatales se refiere.

Al parecer, no se ponen en duda las declaraciones de unos padres que no reparan en injurias y calumnias de todo tipo, servilmente atendidas por los funcionarios de turno y policías de servicio. Cristina se quedó con un trozo de jersey de su hijo tras el brutal forcejeo con las autoridades. Y se lo llevaron a un centro de acogida. Un niño feliz que adora a su madre, que jamás ha estado desamparado, por quien ella ha luchado a brazo partido para darle lo mejor.

Cristina no regresó a Escocia: jamás lo hará sin su hijo. Perdió su vivienda, todos sus enseres personales, sus ingresos regulares y dos billetes de vuelta. Pero eso es lo de menos: perdió a su hijo.

Cuestionada hasta la saciedad e inmersa en un juicio moral tras otro, de ella han llegado a decir verdaderas atrocidades. Todas falsas. Es vegana; condición que se volvió en su contra desde el primer segundo como elemento «peligroso», pese a que el niño es un niño sano. En su afán por sacar a Àngel del centro de menores, accedió a que los abuelos se convirtieran en familia de acogida.

> *Soy consciente –afirma– de que la opinión pública desconoce en profundidad el sistema actual de menores, y que el recurso fácil es pensar «algo habrá hecho». Un juez me dio la razón, y pese a ello, mi hijo continúa retenido. Somos muchísimas madres en la misma situación. A quien me pueda escuchar, ruego ponga en conocimiento la mala praxis por parte de Servicios Sociales, que están retirando tutelas con argumentos insostenibles e informes falsos, sentenciando el destino de los menores y sus familias en un proceso salomónico tan devastador como aberrante. Necesito ayuda para recuperar a mi hijo.*

Sometida a todo tipo de paseos en despachos de psicólogos, asistentes y educadores, asiste a un *striptease* psíquico tras otro, mientras manipulan hábilmente al menor marcando una distancia contra natura. Parece que todo queda en casa: es legal. Un informe tras otro, plasmando sellos acusadores mientras vuela ese *nido del cuco* impuesto que justifica salarios, expedientes que se suceden y repiten, machacando su persona, su más estricta intimidad, todos sus actos, aficiones y forma de estar en el mundo. Un auténtico lavado de cerebro institucional que juzga desde el minuto cero sin contemplación alguna.

«Estuve seis meses sin ningún tipo de comunicación con mi hijo. Me suspendieron las visitas».

Cristina llegó a plantarse delante de la Reina Sofía, a la que pidió ayuda. Recibió una llamada de la Casa Real en la que le informaron que no podían entrometerse en casos que se encuentran bajo proceso judicial. De nada le sirvió ganar el juicio, ellos pueden con todo. Lleva más de tres años separada de su hijo y continúa luchando sin descanso por recuperarlo.

Raquel Cabrera, una joven madre de Las Palmas de Gran Canaria, se suicidó por temor a perder sus hijos. «O encuentras un trabajo y una casa en condiciones, o te quitamos a tus hijos», esa era la amenaza. Desesperada, acudió a la televisión canaria, donde denunció su caso en mayo de 2013. Una telespectadora que había pasado por lo mismo, llamó al programa y le ofreció mil euros. Raquel tenía 24 años. El 28 de agosto de 2014, se lanzó desde un décimo piso.

Amor Martínez Villegas cumple condena en la cárcel de mujeres de Can Brians (Barcelona), acusada del secuestro de su propio hijo. Este es su testimonio, que reproducimos literalmente, a través de carta escrita por ella, de su puño y letra:

Todo empezó cuando conocí a Dani. Yo era una niña, me encapriché de él. Él era cinco años mayor que yo y con un mundo recorrido, pero bueno, yo era madura para mi edad, o eso me creía. Yo vivía sola en un piso familiar y él venía muchas noches a dormir, y al poco tiempo se quedó en casa. Mi familia me decía que no les gustaba, pero yo seguía con él porque no

veía más allá de sus ojos. A los dos años de estar jun-
tos me quedé embarazada de mi hijo Jesús. La verdad
es que pasé mucho para quedarme embarazada, y
cuando lo conseguí... la felicidad llegó a mi familia, o
eso creíamos. Yo me dedicaba al cuidado de mi hijo, y
Dani trabajaba por su cuenta reparando automóviles.

Estando de cinco meses, algo había cambiado en
él, se fue con unos amigos de fiesta y cuando volvió,
era otra persona. Se tropezó al entrar en casa y se lió
a tirar todo lo que encontraba. Me pegó. Le eché, y
cuando recapituló, me pidió perdón. Poco a poco se
fue recuperando y caí en sus redes otra vez. Y todo por
pena. Estaba casi de siete meses, y las asistentas del
barrio entregaban vales para carros de bebés. Y por
mi necedad, fui a pedir un cheque, por ahorrar a mi
familia el carro. Realmente podíamos con todo lo ne-
cesario para el bebé, pero yo fui a solicitarlo y ahí
empezó mi calvario en los servicios sociales. Jesús na-
ció el 12 de mayo de 2011 tras 24h de alumbramiento,
el niño nació con espasmos ya que fue un parto muy
difícil. La pediatra de la mutua nos informó que los
espasmos desaparecerían con el tiempo. Al bebé le
costaba ganar peso, le hacían controles muy seguidos,
en uno de ellos algo no iba bien, puesto que con cual-
quier roce, al niño le salía una mancha en la piel, y al
día siguiente se ponía morado. Informé al pediatra,
aunque no hizo mucho caso. Incluso lo comenté con
mi familia, pensando en hacerle un seguro privado, ya
que no estábamos muy conformes con el pediatra
asignado por el seguro. Durante la primera visita al
pediatra, le comentamos que algo no iba bien, pero no
hizo mucho caso. Al realizar un control de peso con la
enfermera de guardia, esta nos indicó que regresára-

mos al día siguiente para ser remitidos al dermatólogo.

Pero ese día no acudimos, ya que aquella noche sucedió algo inexplicable. Eran las 10:30 y habían cortado el agua por un reventón, por lo que fui corriendo al edificio de al lado, donde vivían mis abuelos, a por agua, puesto que ellos tienen un tratamiento de osmosis, agua depurada. De regreso a casa, Dani estaba con el niño en brazos, llorando. Me dice que vaya a la habitación y que mirara la luz. El plafón estaba roto, y sus trozos, en el suelo. Le pedí una explicación mientras cogía en brazos a mi hijo. Le vestí, le preparé un biberón y me lo llevé corriendo al hospital con un vecino, ya que Dani estaba como ausente. No me daba ninguna explicación, pero yo no pensé jamás que pudiera haber hecho daño a nuestro hijo, que solo tenía 35 días de vida. Trasladaron al bebé de hospital para ser ingresado, y al día siguiente nos informan de que se ha activado un protocolo de malos tratos. Nos hablaron de muy malos modos y nos echaron del hospital. Ahí entró la DGAIA en nuestras vidas. Puesto que no teníamos nada que ocultar, nos presentamos en el Juzgado a declarar. La noche anterior pudimos ver al niño a las 22 horas. Entramos a verle mi tía y yo. A los 20 minutos nos echaron, la enfermera nos dijo que iban a hacerle fotografías para el Juzgado. Yo había grabado a mi hijo con el teléfono móvil, y no tenía nada. Dos días después nos informan de que el niño tiene rotos los huesos de la cadera. Realmente no sé lo que pasó con el plafón, entonces yo pensé que Dani no tenía nada que ver, pero una vez presa, pensando sin cesar, he llegado a la conclusión de que probablemente algo pudo hacer, puesto que al separarnos, me dijo que «ya he conseguido lo que quería, que no seas feliz y que los niños no estén con tu familia».

Para entonces yo ya me percaté del proceder de la DGAIA, y no me fiaba de nada. En ningún momento nos mostraron radiografías ni prueba médica alguna. Nuestro abogado solicita el traslado del niño a otro hospital costeado por nosotros con intención de realizar pruebas médicas, cosa que se nos niega. ¿Por qué?...

Durante todo ese calvario me quedo embarazada de mi pequeño Sergio. No les informo de mi embarazo hasta que ellos mismos lo descubren en el sexto mes de gestación. Una vez enterados, somos sometidos a un millón de cosas que cumplimos a rajatabla. Pero todo era poco, mi segundo hijo aún no estaba en el mundo y ya decretaron su desamparo.

Decidí dar a luz en Perpiñán (Francia), ya que se me había activado un protocolo de retirada en hospital. Puesto que para la DGAIA el culpable de todo era Dani, le puse al niño los apellidos de mi tío Francisco. Pasé un tiempo en Francia, más tarde en Tarragona, con mi madre, y en casa de una vecina. DGAIA quería quitarme a mi hijo y utilizaron a los mossos d'esquadra un montón de veces, entrando en varios domicilios donde no pudieron localizarme, ya que yo estaba pendiente de todo. Me encontraron en dos ocasiones, y cuando se presentaban con la orden de entrada, yo ya había desaparecido del barrio. En una de las entrevistas con la jurista y la DGAIA, estos últimos me dijeron: «En la cárcel te tengo que ver, ya que eres muy rebelde, y queremos a tu hijo al precio que sea. Ese que llevas en la barriga no lo vas a conocer, porque nacerá y te lo quitaremos».

Amor fue detenida en el Hospital General, pasó a disposición judicial y pudo quedar en libertad. La «cogieron» un 22 de octubre, fue conducida al calabozo y entró en la cárcel de Wad Ras al día siguiente. Su expareja, Dani, ingresó en la prisión Modelo.

«Aunque entre presa, son mis hijos, y yo soy una leona con ellos, por muchos años que me ponga la Justicia, de allí se sale, y siempre iré en busca de mis hijos».

Amor cumple una condena de 5 años y 4 meses. Su expareja, Dani, de 8 años. Actualmente, los niños tienen 5 y 4 años. Jesús, el mayor, ha sido adoptado, y el pequeño se encuentra en algún centro de menores. «No sé dónde están mis hijos ni se me permite tener contacto con ellos. Los hermanos fueron separados. Tanto a mí como a su padre nos aplicaron una orden de alejamiento de 14 años».

Marcel Nos fue un niño tutelado por la DGAIA. Publicó una carta en *El Periódico* contando su historia: «A los diez años recibí un trato apocalíptico». Cuenta que fueron 136 días con sus correspondientes noches. Se sentía un paquete. Unos técnicos, como si fueran agentes secretos, acompañados de mossos (policía autonómica) entraron en su colegio un viernes a las diez de la mañana y se lo llevaron. Estuvo una semana entera sin ir al colegio y 21 días hasta poder hablar con su padre. Permaneció incomunicado durante siete días y el resto del tiempo aislado.

En los centros de menores aprendes lo que no debes y ves lo que ni siquiera sabías que existía. No sabes por qué estás allí ni cuanto tiempo estarás y tampoco lo que sucede en el exterior. Desinforman y tergiversan. A mí, sin decírmelo, me hicieron creer que mi padre había sido detenido por la policía. Qué fácil es engañar a un niño de diez años. No sabía lo que es el estado de derecho, ni el habeas corpus, ni que en un procedimiento judicial existen garantías, tienes un abogado, se necesitan pruebas, justo los procedimientos que la DGAIA se salta en los desamparos administrativos. ¿Por qué la DGAIA tiene tanto miedo, no quiere y se resiste a someter sus informes, estudios y pruebas al criterio de un juez en un procedimiento con garantías antes del desamparo? Si hacen bien su trabajo, ¿de qué tienen miedo?

La Congregación religiosa Madres de Desamparados y San José de la Montaña tiene varios centros de acogida. Inicialmente, los centros funcionaban de forma autónoma, a través de donaciones recogidas por los pueblos catalanes. En los años cuarenta, obtienen un acuerdo con el Ministerio de Justicia, Tribunal Tutelar de Menores, que les asiste con una subvención por menor interno. En 1991 firman un acuerdo con Bienestar Social de la Generalitat de Catalunya, y pasan a ser Centros Colaboradores Subvencionados. El centro de San José de la Montaña funciona como un CRAE (Centro Residencial de Acción Educativa) y depende de la DGAIA. Ese es el proceso de tantos centros de menores, que, desde su fundación y en manos de religiosas, extienden sus funciones «modernizadas» sobre el papel para continuar haciendo lo mismo. De la limosna a la donación, de la donación al Ministerio de Justicia, y tras la muerte del dictador, subvención tras subvención. En Cataluña, el Parlamento ha dado luz verde para revisar el sistema de protección a la infancia.

Así lo expresa Teresa Pérez en su artículo del 9 de febrero de 2017:

El Parlament ha aprobado este jueves dos mociones presentadas por Catalunya Sí que es Pot y la CUP para revisar a fondo el cuestionado «sistema de protección a la infancia en riesgo» de la Generalitat. La cámara ha emplazado al Govern a crear en dos meses una comisión mixta integrada por los colectivos implicados. La comisión presentará las conclusiones preliminares en seis meses y las finales, en un año.

¿Cuántas retiradas de tutela pueden llegar a producirse en seis meses? ¿Cuántas en un año? Mientras el Parlament aprueba y trabaja, los niños continúan siendo separados de sus madres e ingresando en centros de menores. Pese a que la comisión –dice– controlará dichos centros, durante ese proceso continuarán los malos tratos, la medicación forzosa y las medidas de contención, así como los enfrentamientos entre cuidadores e internos.

Los niños serán separados de sus madres en plena calle, en el colegio o en cualquier hospital tras la *decisión administrativa,* que no contiene garantía judicial alguna. Si la familia tiene dinero –así de simple– podrá recurrir y llegar hasta el final, con intención de recuperar a su hijo.

Esa *decisión administrativa* es muy similar al llamado *delito administrativo* que se aplicó en Suiza, el país modélico, hasta 1972. «Delito» del que nada sabríamos a no ser por Ursula Biondi, acusada de ese supuesto *delito administrativo.* Así, en Suiza, el robo de bebés e incluso las esterilizaciones a menores, se producían con absoluta impunidad hasta 1982.

Podría tratarse de un entramado internacional contra el eslabón perdido. Los «motivos» se repiten, tanto en Irlanda como en España, y también en Suiza. De 1942 hasta 1981, miles de adolescentes fueron encerradas en Hindelbank, una cárcel situada a pocos kilómetros de Berna. Por malas estudiantes, rebeldes o *díscolas* –calificativo que se repite una y otra vez en los viejos expedientes del Patronato de Protección a la Mujer–. Motivo: *delito administrativo*.

Se trataba de excluir a las que no encajaban con el patrón moral suizo, instaurado en 1942. Sus *leyes morales*, añadidas a una serie de normas federales, no fueron revocadas hasta 1981. Unos diez mil hombres y mujeres fueron encarcelados sin juicio alguno. Por salir de noche, escapar del hogar familiar, manifestar sus deseos de independencia, beber alcohol, desobedecer, o quedarse embarazada. El encierro se realizaba bajo *detención administrativa*, y sin haber cometido delito alguno. Ese concepto permitía encarcelar, sin más, a cualquier menor que pensara por sí misma. Suiza, ese país modélico, ejemplo de convivencia y civismo, riqueza, organización y bienestar, asume su vergüenza. Eveline Widmer-Schlumpf, ministra de Justicia, reconoce que las víctimas detenidas por cuestiones supuestamente morales, fueron encarceladas sin proceso legal, y pide perdón por el daño causado. Un grupo parlamentario trabaja en la elaboración de una ley que permita indemnizar a las víctimas.

«Fue un capítulo oscuro en la historia de Suiza, y tan solo estamos en el principio del proceso», afirma el parlamentario Paul Rechsteiner, admitiendo que la aprobación de dicha norma no será fácil.

Las víctimas empezaron a hablar en 2009, con la publicación del libro *Encerrados* (*Weggesperrt*), del periodista Dominique Strebel. «Era una sociedad con temor al cambio», afirma Strebel. «Intentaron estrechar la moral conservadora castigando los comportamientos que iban en contra de las convenciones de la época». Con ello, Suiza se ha enfrentado al pasado más lúgubre de su historia reciente. Las similitudes con las Hermanas de la Magdalena irlandesas y los reformatorios encubiertos en manos del Patronato de Protección a la

Mujer en España resultan reveladoras. ¿Era un sistema europeo? ¿Existía un método oculto para reeducar menores bajo sistemas penitenciarios no reconocidos oficialmente? ¿El robo de bebés era una práctica tan habitual como consentida?

Ursula Biondi tenía 17 años cuando ingresó en Hindelbank. Su novio, divorciado, contaba entonces 24. En aquella época, un divorciado estaba obligado a esperar tres años para poder casarse, y el concubinato era ilegal. Ursula huyó a Italia con él. Estaba embarazada de cinco meses. Fue detenida –según las autoridades, para protegerla– y llevada a Hindelbank, donde estuvo presa más de un año, trabajando doce horas diarias en la lavandería sin cobrar salario alguno y sin saber cuándo podría salir. Allí, las sometidas a *detención administrativa* eran tratadas exactamente igual a las otras presas; vivían junto a delincuentes violentos y asesinos. Con todo, los condenados por la justicia gozaban de grandes privilegios: cobraban por su trabajo y sabían el tiempo de permanencia, además de tener derecho a un recurso de apelación. Solo se distinguía a unas y otras por el color del uniforme: azul para las delincuentes y marrón para las de detención administrativa. Ursula Biondi dio a luz en la cárcel, y diez días después se llevaron a su hijo. Pasó todo ese tiempo gritando e intentó suicidarse varias veces. Tres meses más tarde, le devolvieron a su hijo. Las demás no tuvieron la misma suerte, puesto que además de quitarles a sus hijos, fueron esterilizadas.

Los padres de las menores pagaban una mensualidad por el internamiento de sus hijas: 5.400 francos suizos por cada diez meses de estancia.

El 90% de los internos eran hombres, sin embargo, son –en su mayoría– las mujeres quienes han hablado del horror vivido en Hindelbank. Ursula Biondi es una gran excepción: se casó y ha desarrollado una importante carrera como formadora en organizaciones internacionales. La mayoría de los reclusos acabaron sobreviviendo en las calles, víctimas de alcohol o drogas. Sin embargo, Ursula afirma haberse sentido «como basura» durante más de treinta años, en los que se sucedieron varios intentos de suicidio, depresiones, procesos de bulimia aguda y una extrema sensación de rabia y soledad. De nada le sirvieron las terapias, y cuando contaba su historia a alguien, no la creían.

Suiza no tiene –todavía– una ley de la memoria histórica. Y le hace mucha falta. ¿De dónde nace ese *patrón administrativo*, copiado y reproducido hasta la saciedad?

Nadie cree tampoco a las madres actuales cuando intentan defenderse o contar su historia. En la mayoría de ocasiones, ni siquiera son escuchadas. Están solas, completamente perdidas y sometidas a la administración, ese verdugo que quita y pone, encierra o libera, escribe y tacha, ordena y manda.

En 2015, 42.628 menores fueron separados de sus padres. Esta es la estadística de tutelados a fecha de diciembre de 2015, según datos oficiales del Observatorio de la Infancia. No disponemos de datos más recientes puesto que el informe de 2016 se halla en proceso de elaboración.

MENORES TUTELADOS EN ESPAÑA AÑO 2015

Andalucía	9552
Aragón	600
Asturias	967
Baleares	1201
Canarias	1998
Cantabria	234
Castilla y León	1578
Castilla-La Mancha	1619
Cataluña	3574
Comunidad Valenciana	3848
Extremadura	947
Galicia	3535
Madrid	5267
Murcia	1418
Navarra	451
País Vasco	2781
La Rioja	534
Melilla	1944
TOTAL	42,628

TRABAJADORES SOCIALES DESBORDADOS

Esperanza Borrull, una veterana de los servicios sociales, afirma de forma contundente que «no atender, es maltratar». En Barcelona, los servicios sociales están al borde del colapso.

Si un procedimiento de protección no se puede cursar, estás poniendo en peligro al menor y a su familia. Si un diagnóstico de riesgo no se puede cursar, estamos banalizando el concepto de riesgo. Un problema no atendido acaba siendo maltrato por parte de la administración. Las situaciones no se pueden cronificar.

Los profesionales que atienden a menores y adolescentes han lanzado serias advertencias. En un manifiesto, los educadores denuncian la falta de medios y reconocen estar desbordados por la cantidad de casos y su crecimiento burocrático implícito, situaciones que provocan una evidente y grave desatención a la infancia.

Los equipos multidisciplinarios de profesionales que trabajan con menores son los que se encargan de valorar y evaluar los casos de desamparo, decretando medidas de retiradas de tutela. Se trabaja con un nivel de estrés alarmante, lo que ha provocado un aumento de bajas por ansiedad. No se está atendiendo correctamente a los menores, no se está ayudando realmente a las familias. En ocasiones, los técnicos pueden tomar medidas supuestamente acertadas, aunque inútiles, ya que no es posible realizar el seguimiento correcto. Falta de personal. Falta de instalaciones. Sobresaturación. ¿Cómo un profesional con ansiedad tiene potestad para separar a un niño de su familia? ¿Bajo qué criterios sólidos, con qué argumentos basados sobre papel que se mueve de mano en mano?

Los educadores del Centro de Observación y Acogida de Zaragoza llevan más de un año y medio en huelga. No pueden garantizar la seguridad de los menores. Javier Itxaso, coordinador del COA, declaró:

La situación actual dibuja un lóbrego panorama. Desde que el Instituto de Trabajo Social y de Servicios Sociales se hizo cargo de la situación, se han contratado 24 educadores sustitutos, gente que trabaja una semana, tres días, y que no recibe ningún tipo de formación. Una persona me llegó a decir que qué tenía que hacer para «no molestar».

Trabajan tres personas en el turno de mañana, tres en el de tarde y dos de noche. Los cuadrantes para todo el año ya están hechos, pero la empresa está introduciendo modificaciones que provocan, por ejemplo, que en un turno estén tres educadores sin experiencia.

En 2012, Carmen Morán describía en *El País* unos servicios sociales deficientes: «En esta situación de necesidad social es inadmisible que servicios tan básicos no lleguen por igual a unos ciudadanos que a otros en función de la comunidad en la que vivan». Así lo afirmó el presidente de la Asociación Estatal de Directoras y Gerentes de Servicios Sociales, José Manuel Ramírez, quien ya entonces se quejaba con respecto a la transparencia de datos al respecto:

El trabajo para recopilar estos datos ha sido casi detectivesco, a ver si ahora, con la ley de transparencia se obliga, y se penaliza si ello es posible, a las comunidades que no hacen públicos sus datos. Es casi imposible averiguar las plazas de residencia para mujeres maltratadas, por ejemplo. Si a eso unimos la falta de mapas sobre los que planificar una correcta cobertura de los servicios sociales, se puede decir que en esta materia nos estamos moviendo todos a oscuras.

En enero de 2017, *Noticias de Guipúzcoa* advierten de «situaciones cada vez más complicadas», con referencia a un informe del Ararteko en el que se advierte del trabajo social como el eslabón más débil del sistema, del que se traducen claras desigualdades.

Al respecto, Arancha nos relata su experiencia con los servicios sociales:

Si vives en un lugar pequeño, todo se sabe. Yo pedí ayuda. Soy madre soltera y tengo una hija de nueve años. Pedí alimentos, nada más. Mi hija acude a un colegio y no le falta techo, pero no me llegaba para comer. Me negaron alimentos. Ese mismo día, al salir, un chico me contaba que había pedido lo mismo y se lo acababan de conceder. Vivía solo, no tenía cargas familiares, pero era amigo de un trabajador social. No le pregunté, me lo dijo él mismo.

En 2016, los trabajadores sociales asturianos denuncian públicamente una situación asfixiante: están desbordados y necesitan apoyo, puesto que el volumen de trabajo es enorme. Las quejas se suceden de año en año.

La llamada *Marea Naranja* aparece como protesta. Los trabajadores sociales denuncian una grave regresión del sistema y ruptura de la cohesión social. La *Marea Naranja* estatal convocó una rueda de prensa denunciando la dramática situación por la que atraviesan los servicios sociales, exigiendo su inclusión en la agenda social y política.

Si los trabajadores sociales se declaran sobresaturados, ¿cómo se concibe que puedan atender en condiciones?

En 2014, El Mundo Baleares lanzó el siguiente titular: «La crisis duplica el número de menores separados de sus familias». Un menor tutelado cada dos días en Mallorca.

> *La cifra es aún más escalofriante si se compara con los datos anteriores a la crisis que maneja la institución y que muestran que el número de niños separados de su familia, y con la Administración como única madre, se ha duplicado desde que comenzara la debacle económica. El montante supera ya los 800.*

Por otro lado, basta con rastrear las noticias relativas a los centros de menores (donde entraré más adelante) para comprobar las denuncias por malos tratos.

Predomina el proceso de institucionalización, y los menores tutelados van de familia de acogida a centros de menores y viceversa.

En Tenerife, durante 2012, los servicios sociales «encuentran» 416 niños desprotegidos en un mes (*La Opinión de Tenerife*). El Ayuntamiento de Santa Cruz, que trabaja con menores desprotegidos, alerta sobre cada caso en un proceso de «vigilancia». Si las condiciones del menor no mejoran, se extiende una propuesta de desamparo para que el Gobierno Canario asuma su tutela. Los centros de menores canarios gestionados por la *Fundación O'Belén* fueron denunciados por malos tratos. En concreto, el centro de protección *Cango*, situado en Tacoronte (Tenerife). Celdas de aislamiento, correspondencia censurada y falta de higiene en las habitaciones. Medidas de contención –niños desnudos en cuclillas durante horas– o encerrados durante días.

¿Qué hacía el Ayuntamiento de Tenerife mientras «vigilaba» esos 416 niños? ¿Por qué no se encargó de vigilar los centros de menores?

Los mismos directores de los servicios sociales han denunciado que España se encuentra en un estado de emergencia social. La pobreza se reproduce, incluso se cronifica. Falta de ayudas, del auxilio más elemental. Caso por caso, cada uno es un mundo que no se contempla de forma específica. Asistimos a la institucionalización del bulto, de la masa demandante, cuyo desespero conduce a situaciones límite que son atendidas cuando la catástrofe es un hecho.

Según *lavozdelsur.es*,

el día a día del personal de los servicios sociales del Ayuntamiento se traduce en gritos, escupitajos e insultos. Desbordados de trabajo, con un volumen anual de 30.000 atenciones, lamentan episodios graves o muy graves de inseguridad.

La ansiedad se define como un estado mental de gran inquietud, excitación e inseguridad, así como una angustia que acompaña determinadas neurosis.

La página *preventionworld* informa sobre la ansiedad y el estrés de los trabajadores sociales:

El colectivo de los trabajadores sociales es uno de los grupos ocupacionales de sufrir riesgos psicosociales por las labores que desempeñan, según estudios realizados por sectores y actividades. Como factores de riesgos psicosociales identificados para esta ocupación, se encuentran:

- *Exceso de trabajo.*
- *Acumulación de tareas por plantilla insuficiente.*
- *Monotonía de la tarea.*
- *Asunción excesiva de responsabilidades sin la compensación adecuada.*
- *Prisas y urgencias generadas por los usuarios demandantes del servicio.*
- *Falta de medios para desempeñar sus tareas.*
- *Presión constante de los mandos.*
- *Presión continuada de los usuarios.*
- *Violencia de los usuarios.*
- *Largas jornadas de trabajo.*
- *Afección emocional de los casos, implicación excesiva.*
- *Falta de formación frente a ciertos colectivos.*
- *Amenazas físicas y psíquicas.*
- *Falta de autonomía.*

Si estas son las situaciones que provocan un *riesgo psicosocial*, ¿cómo pueden elaborar informes psicosociales de otros? Si el propio trabajador social sufre estados de ansiedad y estrés, ¿cómo recibe la angustia y la realidad del usuario? La atención se ha convertido en un delirio a dúo.

En marzo de 2017, *La Voz de Galicia* afirma que

La oposición califica de caos el estado de los servicios sociales. El gobierno dice que está cubriendo las bajas después de que una trabajadora social denuncie que afectan el 50% de la plantilla.

Dicha trabajadora social del Ayuntamiento de A Coruña denunció públicamente un maltrato institucional sistemático de los usuarios, ya que no se respetan sus derechos.

Sobre ese caos, y a pesar de la «formación» que dicen tener los trabajadores sociales, sus decisiones no se discuten. Retirar una tutela supone la deriva vital del menor.

Ana María Dubaniewicz, en su libro *La internación de menores como privación de libertad*, describe lo que significa estar internado:

Estar internado es acceder al desmembramiento familiar, a la ceguera social, al despojo de los derechos personalísimos, a la segregación familiar y social, a la exclusión, a la crueldad y el sadismo adulto. A la discriminación, a la indiferencia, a la anomia, a la desesperanza parental, el abandono agravado por la injusticia, a la mortalidad infantil por sustracción del amor maternal, a las desavenencias afectivas, a la victimización. A ser blanco de maltrato físico y psicológico por pares y representantes institucionales, a tener acceso a la violencia contra los demás, a la ansiedad paranoide, a la culpa. A la depresión, a la enfermedad, a la locura, a la ignorancia, a la desprotección, a la violación física y psíquica, a tener frío y quedarse con hambre, a orinarse de miedo y enfermar el corazón de pena. A desear abrazos, caricias, ternura, amor, juguetes, ropa y calzado como los chicos en libertad. A llenarse de vergüenza y resquemor ante la mirada ajena, a resentirse, odiar, gritar por dentro y enmudecer por fuera. A esperar el golpe, la oscuridad, el encierro patológico, la muerte. A desear tener un hogar como el de los chicos que se ven jugando a través de las rejas. A desear caminar libremente de la mano de mamá y papá.

Estar internado es compartir promiscuidad, soledad, incertidumbre e impotencia, enfermarse, sentirse diferente y no querido. Apenarse, arrebujarse, ovillarse, bloquear la mirada, la mente y los sentidos. Perder la casa, el barrio, la escuela, los amigos, los hermanos, los primos, los vecinos, los tíos, los abuelos, lo que queda de los papás.

Esperar los fines de semana una visita o una salida. Anhelar el paquete de galletas. Esperar una llamada telefónica minuto a minuto que justifique las ausencias familiares. Desgarrarse por dentro. Buscar en cada cara, en cada sonrisa, en cada mirada a alguien querido y a quien querer. Un hombro para llorar sin ser humillado.

Convivir con el temor de no salir nunca más, con purgar en el infierno quién sabe qué pecados, con el temor a la fuga y sus consecuencias y al vacío posterior del mismo. Estar internado es sentirse rechazado, señalado y agredido por la estatura, el color de piel y posición social por parte de otros, o ni siquiera mirado, ni existir. Desear morir por lo que se vive, por lo que se ve, por lo que se escucha, porque las noches y los días se alargan y se sufre, y se llora. Saber en lo profundo del alma que nunca has sido deseado, amado, y que nadie lo hará jamás. Estar internado significa desear no haber nacido, renunciar a la vida, al amor, al futuro, y desear el regreso al vientre materno.

¿Se cuestionan los trabajadores sociales todos estos factores cuando estampan en sus documentos la retirada de una tutela? ¿Se enfrentan a la presión de un sistema que les provoca ansiedad y estados de tensión extrema hasta solicitar una baja laboral? ¿Qué es una baja laboral ante la retirada de una tutela? ¿A partir de qué conceptos, por el mero hecho de aprobar una oposición, se ejerce el poder de separar madres de hijos?

La práctica institucionalizada del desarraigo separa madres de hijos por «el bien del menor». Un «bien» cuya frontera se quebranta a placer, entrando –sin hacer ruido– en el umbral del delito, marginando más –si cabe– al pobre, desfavorecido, desestructurado o enfermo.

Mujeres sentenciadas en cuanto «confiesan», avaladas por la confianza que gana muy hábilmente ese funcionariado que se dedica profesionalmente a criminalizar familias, catalogar conductas e inspeccionar hogares.

El mínimo desorden en una casa puede ser sentenciado con un síndrome de Diógenes. Actualmente, los colegios informan sobre asuntos como la tardanza en adquirir los libros de texto, el delantal o cualquier elemento de material escolar. Ese retraso, que pasa por carencias económicas, se tacha como «desatención y olvido» al menor. Una especie de control nazi que determina y cataloga familias.

Me cuentan que alguien ha visto a una asistenta social borracha perdida en una boda. La misma que sentenciaba a una madre por fumarse un porro y no dudó en ordenar la retirada del menor. También sé de «educadores» en centros de menores sin titulación alguna que no discuten el método y apalizan jóvenes mientras les hacen tragar el vasito de agua con medicación forzosa para que no molesten.

Y entre unos y otros, en esta gran casa se barre la mierda con una facilidad pasmosa. Padres que denuncian a sus hijos tras haberlos maltratado. Será que lo suyo ha prescrito y el progenitor criminal continúa con su vara de medir, atando corto a la hembra que no se sometió jamás a los rigores familiares, que se enfrentó a la autoridad y lo paga encerrada.

Que todo esto estalle es algo que está por ver. Permanece el pataleo y la rabieta cibernética sin que los medios de comunicación se mojen en exceso. Lo saben, pero mantienen su línea de conducta oficial. Y cuando llegue el momento –lo tengo más que dicho– se apuntará al mambo todo bicho viviente: voceadores con salario asegurado, contrato indefinido, subvencionados, personajes mimados del debate, famosos, los columnistas que ahora callan y los buenísimos que jurarán no saber nada hasta la fecha.

Mientras tanto, todas nosotras seremos las agitadoras populistas, las locas de esta historia, las de la izquierda radical enfermiza y las feministas desatadas.

Por tanto, con el mismo derecho e idéntico rasero:

- Que todo trabajador social se preste a un análisis de tóxicos.
- Que se pueda entrar en su casa con el fin de comprobar si se encuentra en perfecto estado de revista.
- Que declaren cuantas parejas han tenido, cuantas veces se han casado y el número de relaciones sexuales que mantienen.
- Que pasen por un informe psiquiátrico.
- Que se controlen sus horarios, costumbres y lugares de ocio.
- Que abran sus neveras para ser inspeccionadas.
- Que muestren sus armarios.
- Que expongan facturas, saldos bancarios y el gasto habitual realizado con sus ingresos.
- Que se compruebe si se encuentran al corriente de pago de suministros, hipotecas o alquileres.

- Que los veganos, vegetarianos o naturistas, se declaren como tales.
- Que se cuestione su forma de vestir, actuar o comportarse en sociedad.
- Que enseñen sus tatuajes.
- Que narren su pasado con todo lujo de detalles.

Y una vez analizados todos estos puntos, que se actúe con la misma rigurosidad que ellos lo hacen con todo aquel que se sienta pidiendo ayuda, cuestionando su puesto de trabajo; eso es todo lo que podrían perder.

Mientras el sistema continúa actuando, más de cincuenta mil madres pierden a sus hijos.

MADRES DEL AMOR HERMOSO

En Gran Bretaña decimos que no necesitamos al KGB porque tenemos a la BBC. Manipula tu punto de vista con tanta sutileza que no te das cuenta.
Ken Loach

Ladybird, Ladybird, extraordinaria película de Ken Loach (1994), cuenta la historia real de Maggie, una mujer marcada por el maltrato y la asistencia social en idéntica proporción.

Madre de cuatro hijos de distintos padres, protege a los niños, que no se encuentran desamparados pese a su frágil situación. Maggie está profundamente herida por la vida, y pese a ello, se rebela ante las instituciones, que la asisten vigilando cada paso. Su pasado es cuestionado hasta tal punto que acaba perdiendo a seis de sus hijos, atrapada por la burocracia de los servicios sociales. Pese a todo, consigue construir una familia.

Durante el proceso de investigación, entrevistas y contacto directo con mujeres afectadas, me he encontrado con cientos de Maggies. Ellas, una por una, podrían haber sido las protagonistas de *Ladybird, Ladybird*. La obra de Ken Loach no puede dejar indiferente a nadie, ni siquiera a los negacionistas más radicales.

Madres que han padecido maltrato en su infancia y carecen de referentes sociales que procuren una estabilidad básica, costumbres marginales enraizadas, falta de formación académica mínima (en su mayoría, no más allá del certificado de estudios primarios), emancipación temprana como liberación al sustento, e incluso provocada por sus progenitores.

Hablo de mujeres que se han criado con un plato en la mesa y a paliza diaria. Que se han duchado con agua caliente mientras la policía se presentaba en cualquier momento con una orden de detención. Mujeres —entonces niñas— en cuya casa nunca se cortó la luz, puesto que han vivido siempre con el contador trucado.

Adolescentes acostumbradas a recoger los vómitos del borracho en casa, a fingir estar dormidas mientras la bronca hogareña alcanzaba sus puntos álgidos, a visitar cárceles, hospitales y comisarías. Acostumbradas a la sangre, los puntos de sutura y las armas blancas.

No hace mucho, la hija de un famoso torero me contaba lo siguiente: «Nos decían, papá está herido, y eso era normal. Que papá podía morir cada vez que salía a trabajar, era algo normal. Las hijas de los toreros convivimos con la muerte».

La marginalidad convive con otra forma de muerte, aunque sin plaza pública jaleando la faena. Hijos de alcohólicos o toxicómanos pasan por idéntico proceso. Algunos repetirán el patrón, reproduciendo una herida sobre otra, *ad infinitum*, de generación en generación.

Ese «modelo» era el habitual hasta el inicio de la crisis española, aunque —a partir de ella— se activa el principio de un fin completamente desconocido para la clase media, que tambalea sus cimientos con la pérdida de trabajo. Una clase media que despreciaba la baja de una forma u otra, en ocasiones con sentimientos ocultos que jamás fueron exteriorizados en sí por falta del más mínimo aprecio.

Ahora, tan juntos como revueltos, hijos de unos y otros están forzosamente obligados a convivir en centros de menores cuando el proceso institucional concluye tras solicitar ayuda social. Y esta, nuestra sociedad, que no se caracteriza precisamente por la compasión, acude a mecanismos disparatados desde el momento en que decide retirar tutelas.

Sin embargo, y contra todo pronóstico, el abandono ya no es delito. Con una llamada al 112 o al 012, se puede dar un bebé en adopción. Basta con marcar esos tres números y una patrulla de la Unidad Móvil de Emergencia Social se encargará de recoger al recién nacido. La madre biológica tendrá tres oportunidades para arrepentirse. La última, ante el juez, entregando su hijo a la adopción. Con ello, se evita el abandono en las calles, contenedores de basura o cualquier otro lugar público.

Tanto en Austria como en Alemania, existen una especie de buzones donde se pueden abandonar niños. Conocidos como *babyklappe*, cuentan con calefacción, asistencia médica para los bebés y jurídica para las madres biológicas. En 2001 se despenaliza el abandono de niños, por lo que las mujeres pueden dar a luz de forma anónima. Los hospitales austríacos ofrecen asesoría al respecto. Los *babyklappe* están vigilados por cámaras. Basta con la entrega de un bebé en el buzón para que se active una alarma en la unidad de pediatría. El rostro de la persona que abandona el bebé permanece oculto, y tras el abandono, se cierra de inmediato un pestillo electrónico. El sistema austríaco no permite rastrear el origen biológico de los bebés abandonados, exactamente igual que los antiguos *niños del torno* españoles, que se abandonaban en conventos de monjas.

Actualmente, los *hijos del Estado* se entregan en bandeja. Del resto se encargarán las instituciones.

La organización *Anprodefa*, informa de los siete pasos para perder la custodia de un menor:

¡Atención con los Servicios de Protección del Menor! ¡Atención con pedir ayuda! ¡Atención al llevar a

nuestros hijos a los Hospitales! Cualquier indicio por falso que sea o denuncia de cualquier persona les bastará para quitarnos a nuestros hijos.

En su página apareció el siguiente comentario:

Esta reseña tiene toda la razón según he comprobado con otros padres de familia que he venido conociendo.

Antes las monjas se hacían cargo de los niños abandonados, ahora los Servicios Sociales con la colaboración de las monjas seguirán atendiendo a niños abandonados (faltaría más, es lo que tienen que hacer) pero lo que no es de recibo es que para mantener su estatus roben niños que tienen padres que los quieren y los atienden perfectamente.

Al final a los niños robados nos los tendrán que devolver pero después de un largo tiempo en que el niño es el primer perjudicado y la familia perjudicada en todos los sentidos, estamos en una espera en la que nos dejamos la salud, sacando dinero de donde no hay para pagar a abogados... ¿Quién ha ganado con estas injusticias? Los funcionarios que cobran si tienen los niños suficientes para mantener a tanto número de ellos, tantos especialistas... hay que mantenerlos con dinero público... a ellos no les importa el tiempo... al contrario... cuanto más tardan mejor... por eso tantas dilaciones... tantos aplazamientos... cambios de personal en el equipo... contradicciones... falta de respuestas a las preguntas que se les hacen en burofax... aplazamientos y cambios de citas...

Según *Anprodefa*, el primer lugar es para los Servicios Sociales, que:

localizan a la víctima siguiendo unas pautas que se repiten. Buscan motivos económicos y o materiales (falta de medios económicos y vivienda), algún fallo en el pasado de los padres (consumo de algún tóxico aunque después se hayan rehabilitado), algún trastorno emocional o psicológico (aunque sea momentáneo y por motivos justificados como la muerte de un familiar), desarraigo familiar (aprovechan si existe poco apoyo con el resto de la familia).

Segundo: Seguimiento. Acoso a los padres, asistentas sociales que se ofrecen con excesiva insistencia.

Tercero: Si la ayuda no se acepta, envían la policía a tu casa con falsas denuncias vecinales.

Cuarto: Si no permites la entrada policial, te conviertes en sospechoso. Si la permites, se extiende un informe distorsionado.

Quinto: Al aceptar la ayuda de la asistenta, te acusan de no ser capaz de criar a tus hijos por cualquier motivo.

Sexto: Pase de expediente a otro departamento de mayor fortaleza.

Séptimo: Búsqueda insistente de alguien que firme una denuncia (vecino, familiar en discordia, etc.), al que convencen de que la denuncia es por el interés superior del menor.

Los motivos alegados en contra de los padres pueden variar a placer:

- El ascensor está averiado.
- Los platos no se habían fregado.
- Era la hora de comer y los niños no habían comido.
- Las camas no están hechas.
- En la nevera no hay alimentos básicos.
- La casa huele a tabaco.
- La madre presenta aspecto descuidado.
- El padre no trabaja.

Esas «patrullas» sociales que observan, visitan y sentencian, actúan sin reparo ante cualquier detalle que pueda ser cuestionado. Si un niño está gordo, se habla de «sobrealimentación, descuido maternal, exceso de dulces, falta de control». Por el contrario, si se trata de un niño delgado «carencia de alimentos. Alimentación incorrecta. Madre vegetariana que impone su dieta al menor».

En 2009, la Xunta de Galicia retiró la custodia de un menor por obesidad mórbida. Puesto que los padres se negaban a la entrega, se inició una batalla legal en el Juzgado de Familia. La administración gallega alegaba que el niño era alimentado por sus padres de forma errónea, y que dicha alimentación podía costarle la vida. Margarita Gabarres, la madre del niño, rogaba que su hijo no ingresara en un centro de menores ante las cámaras de televisión. Nunca constó un informe psicológico sobre el trauma que suponía separar al menor de su familia.

En 2007, retiraron la tutela a los abuelos de un niño de 10 años. El Principado de Asturias asumió dicha tutela de forma cautelar. Fueron los profesores del colegio donde el niño estudiaba quienes alertaron de la situación. Su abuela, Consuelo García, dijo que «el chiquillo estaba sano como un coral, pero nos lo raptaron». Según lo publicado en *El Diario, en su casa de Oviedo se llevaron una desagradable sorpresa cuando en el mes de septiembre lo mandamos al colegio, y como estaba gordo, se lo llevó la policía. El chiquillo jugaba al baloncesto, al fútbol y al balonmano, y llevaba una vida normal con sus amigos. No entendemos el porqué de todo esto.*

En el mismo año 2007, ya se alertaba en periódicos digitales alternativos, páginas y blogs sobre el aumento de *hijos del Estado*. La página *Con los niños no se juega* expone al respecto los siguientes argumentos:

La ley prevé expedientes de desamparo y expedientes de riesgo. De estos no conozco ninguno, siempre se acude a la cirugía desesperada del desamparo, que es menos caro que trabajar con la familia en una situación de riesgo.

La inversión social es el caballo de batalla y lo que lleva a algunos a afirmar que solo se quitan niños a los pobres. Con una reclusa es más fácil actuar que con familias de ingresos altos.

Es en 2007 cuando se inicia la crisis en España y afloran las primeras familias endeudadas, que aumentaron de forma sensible con el paso de los meses. En 2008, el PSOE aprueba 24 medidas económicas, y a final de año, justo el 31 de diciembre de 2008, España entra en recesión.

En 2009, el Banco de España interviene la Caja Castilla La Mancha. El IPC se sitúa en un -0,1%, primera tasa negativa. Se crea el Fondo de Reestructuración y Ordenación Bancaria.

En 2011, el Banco de España interviene Cajasur, así como la Caja de Ahorros del Mediterráneo y el Banco de Valencia. El 20 de noviembre, el Partido Popular gana las elecciones generales.

En 2012, España entra en recesión y solicita a la Unión Europea asistencia financiera para los bancos. El Gobierno nacionaliza el Banco Financiero y de Ahorros, matriz de Bankia.

Hasta 2007, los bancos concedían créditos desorbitados sobre nóminas medias. El *españolito*, atrapado en un consumo tan rápido como fácil, compraba pisos de medio millón de euros, endeudándose hasta el fin de sus días. El *crack* económico se hizo visible desde el momento en que la banca cerró las puertas a toda financiación. El pulso económico privado cayó y los hogares temblaron. La pérdida de empleo de un miembro de la familia quebró todo ese sostén falso, que había vivido del plástico, de los créditos, de los plazos y de financieras abusivas. ¿El ciudadano vivía por encima de sus posibilidades? Es discutible, puesto que los bancos concedían la posibilidad. En cualquier caso, ninguna familia de clase media u obrera imaginó en sus peores sueños que podía perder la tutela de sus hijos, y mucho menos que ingresarían en un centro de menores.

Sin embargo, sucedió y sucede desde el momento en que esa *confianza social de la España que iba bien* entró en la cabeza de ese gran imperio mediocre que utilizó a los tontos útiles, encumbró al listo descuidero y se ocupó de armar a los más grandes ladrones de guante blanco.

Cuando en 2009 se cuestionó públicamente la indumentaria gótica de las hijas de José Luis Rodríguez Zapatero, imagen colgada en la web de la Casa Blanca que informaba sobre una recepción oficial a la que acudió con sus dos hijas, menores de 13 y 16 años, el Gobierno pedía «respeto» por la intimidad de las hijas del entonces presidente.

Más tarde, en 2015, la prensa hablaba de las supuestas amantes del rey Juan Carlos, una larga lista de actrices, presentadoras de televisión, empresarias, cantantes y *vedettes*. Cuatro años antes, su yerno Iñaki Urdangarin empezó a ser investigado por la justicia por un presunto delito de corrupción.

Cualquier hogar español en condiciones similares sujeto a un proceso de intervención por parte de los servicios sociales habría sido catalogado como *familia disfuncional*, bien por la indumentaria gótica de las menores, por las amantes del padre o parientes delincuentes, y el monto del expediente, engrosado sobre una base real, aumentaría a placer en manos del funcionariado hasta llegar a una conclusión tan desorbitada como injusta.

Menores pálidas, vestidas de negro y con indumentaria gótica. Alerta de tribu urbana.

Progenitor con más de quinientas amantes de proyección pública.

En marzo de 2017, *El Español* informa sobre la terrorista arrepentida Sara Majarenas:

> *Terrorista cuando ETA mataba niños, arrepentida al ver peligrar a su hija. Majarenas es la primera terrorista que abandona la banda para poder estar junto a Izar, su niña de tres años, en una casa de acogida. No lo hizo antes, pese a que ETA mató a 22 menores.*

Como en Gran Bretaña, los medios de comunicación españoles manipulan con una perfección asombrosa, y recibimos el mensaje sin pensar en más, puesto que todo es menos. Basta con algunas comparaciones forzosas para que se abran miles de ojos, los afectados que derraman lágrimas de sangre separados de sus hijos por la administración.

DE LA SEPARACIÓN FORZOSA AL RAPTO LEGAL

Sobre el supuesto desamparo del menor se provoca el desamparo materno. Sobre el drama, mayor desastre, que cabe. Porque todo cabe en este sistema descerebrado que no atiende llanto alguno.

Los payos tenemos mucho que aprender de los gitanos. Ese espíritu de tribu, tan presente en la raza gitana, adquiere una fuerza demoledora. Con ella, la familia de Mara Fernández Vargas consiguió en cuarenta y ocho horas algo tan inmenso como ejemplar. Esperaban en el hospital Sant Joan de Déu de Barcelona la llegada al mundo de su hija. La pequeña Mara pasó algunas horas con su madre, que pudo darle el pecho, cuando aparecieron dos supuestas enfermeras diciendo que se llevaban a la recién nacida para una revisión rutinaria. Pero Mara no regresó.

Los padres fueron informados de que se la habían llevado los servicios sociales de Barcelona con argumentos poco sostenibles que no impidieron la ejecución de semejante barbarie. No hace mucho me contaba una afectada que con los gitanos no se atreven, puesto que se unen en masa y se manifiestan, convocando actos de rebelión pública. Y eso es exactamente lo que sucedió con la familia Fernández Vargas. Las redes sociales ardían, diez mil firmas en menos de 24 horas en *change.org*, once mil «me gusta» en Facebook y el apoyo incondicional de toda la comunidad gitana de España, Francia e incluso Portugal. Una unión extraordinaria que provocó la fuerza, sin miedo, plantando cara ante la Conselleria de Bienestar Social y Familia, retando a Neus Munté Fernández, su responsable. Este fue el comunicado de la Unión Romaní:

La terrible aventura de una niña gitana recién nacida que fue arrebatada de los brazos de su madre por unas falsas enfermeras. Así lo hemos leído en uno de los múltiples mensajes que han llegado a la sede de la Unión Romaní, aunque, en realidad, ya teníamos conocimiento del hecho por llamadas personales que desde el sábado pasado habían realizado a nuestra organización los familiares de la niña sustraída. En uno de esos mensajes se decía que la familia de Mara Fernández Vargas estaba esperando con alegría que naciera en el hospital Sant Joan de Déu de Barcelona una niña. Efectivamente, la niña nació y pasó unas pocas horas con su madre y su familia hasta que, según ellos, llegaron dos supuestas enfermeras diciendo que se la llevarían para revisarla. Como es natural, desde que tuvimos conocimiento del hecho nos hemos puesto en movimiento tratando de averiguar con la mayor precisión posible cómo se habían producido los hechos para actuar en consecuencia. Así, esta misma mañana nos hemos personado en las Oficinas centrales de la Dirección General de Atención a la Infancia y la Adolescencia dependientes de la Generalitat de Catalunya, organismo bajo cuya custodia estaba la niña recién nacida. Por parte de la Unión Romaní acudió el presidente Juan de Dios Ramírez-Heredia acompañado del presidente de la FAGIC, Simón Mon-

tero y del secretario de la misma federación Pedro García Jiménez. En la puerta de la Dirección General un centenar de gitanos y gitanas reclamaban la inmediata devolución de la niña a sus padres. Debemos manifestar que mientras los técnicos de la DGAIA cumplimentaban con los padres de la niña el expediente de la intervención, Juan de Dios Ramírez Heredia, junto a Simón Montero, se entrevistaban con el Subdirector de la Dirección General, don Joan Mayoral Simón. Fue una conversación amable, respetuosa por ambas partes, pero radicalmente enérgica por parte de los representantes gitanos que pedían la inmediata devolución de la niña a sus familiares. Al cabo de una hora tuvimos noticia de que la decisión finalmente tomada era la que dicta el más elemental sentido común: que no hay ley divina ni humana que diga que los hijos se pueden quitar a sus padres salvo en circunstancias muy extremas que puedan poner en peligro la vida o la integridad de los menores. Lo hemos pasado mal, pero al menos por el momento, los esfuerzos de todos han merecido la pena.

Silvia Rodríguez Gómez
Responsable de Comunicación de Unión Romaní

Mara fue devuelta a sus padres en cuarenta y ocho horas. Al parecer, la cobertura mediática de *Telecinco* resultó definitiva. La pequeña Mara, arrebatada con argumentos confusos y devuelta sin más explicaciones. Este es el proceder de los servicios sociales. Miles de madres payas luchan por recuperar la tutela de sus hijos.

Con los gitanos no se atreven, y eso lo sabemos todas. Se presenta la familia entera con palos de hierro si hace falta, y montan tal escándalo que el niño deja de estar retenido. ¿Es una cuestión de fuerza, de amenazas, de masa? Yo no lo sé, solo digo lo que he visto —cuenta Montse—. Conmigo no hubo contemplaciones. Maldita la hora en que se me ocurrió pedir ayuda institucional. Confiaba en los servicios sociales, creía que están para eso, para ayudar, no para destrozarte la vida. Perdí el trabajo y se me agotó el paro. Mi exmarido dejó de pagar la pensión. No tenía nada. Tampoco sabía nada de esta realidad hasta que otras madres contactaron conmigo: Lo mismo. No solo no era la única (y eso pensaba yo), era y soy una de tantas. Una «mala madre» que no tiene derecho a ejercer de madre. A mis hijos se los llevaron llorando. Yo no podía reaccionar, parecía una película, aquello no me estaba pasando a mí. Estuve un mes sin saber nada de mis hijos. Ahora, se supone que debo agradecer un régimen de visitas. No puedo más.

La historia burocrática que genera la historia oficial, se desvincula —en muchas ocasiones— casi por completo de la cruda realidad, resulte hermosa o dramática, correcta o incorrecta. A partir de ahí, sobre el papel, muy poco se discute. Esos informes han sido rellenados por personas académicamente capacitadas para repartir, negar, dar o arrancar, tanto viviendas como pecunio, paquetes de alimentos e incluso hijos.

«Soy Elohim Peñalver y me han dicho que tú podrías ayudarme».

Tiene 33 años, la edad final de Cristo, y su nombre, Elohim, significa Dios en hebreo. La escuché durante horas, pendiente de cada gesto, de una mirada triste —pero todavía firme— que traspasa sus ojos almendrados. Es de una belleza serena sobrecogedora. Su discurso es coherente y de una lógica aplastante. No hace mucho me comentaba una amiga que las familias con niños seriamente marcadas por la crisis, no se atreven a pisar los servicios sociales en busca de ayuda por temor a ser separados de sus hijos. Menores tutelados que son internados en centros o bien quedan en manos de familias de acogida.

«De los niños nos encargamos nosotros, usted busque trabajo y consiga una vivienda, vuelva dentro de seis meses y podrá recuperar a sus hijos».

Pero pasado ese tiempo, el siguiente trámite no es otro que la adopción, a no ser que los padres biológicos hayan conseguido ese trabajo que más de media España no tiene, y el piso del que desahucian a la otra mitad del país. Los servicios sociales se quedan con sus hijos bajo un manto protector helado, aplicando discutibles medidas contra el desamparo donde cada caso es un mundo.

«Tú no tienes derecho a ser madre ni a permitirte de vacaciones». Eso me dijo —textualmente— el psicólogo José Guerrero.

Elohim fue engendrada bajo un árbol. En más de una ocasión ella misma se metía dentro de un armario empotrado cuando en su casa se producían escenas delirantes en las que se instalaba el peligro como huésped habitual. Elohim se cría en barrios marginales de Alcoy y Alicante. Es escolarizada gracias a sus tíos y abuela. Cuida de sus tres hermanas menores. A los quince años abandona el hogar familiar, insufrible en todos los sentidos, y empieza su rosario de centros.

Del TEIX no tengo queja, pero de las monjas de la calle Segura... aquello era la casa del terror. Recuerdo que dormía en una habitación rosa, el color completamente contrario a mi vida.

Fugas, de casa de su tía al centro, del centro a la calle, de la calle al centro... «Mi madre perdió a todos sus hijos por desamparo. A todos menos a mí, que entonces tenía 19 años y ya era mayor de edad».

«A veces te duele la espalda sin estar mal sentada, y es por la vida».

Con 19 años se presenta en los servicios sociales de Alcoy, donde le conceden una ayuda. Sus grandes carencias afectivas la conducen a relaciones harto conflictivas. Sin embargo y pese a todo, nunca se abandona a sí misma, aunque sí empieza a dibujarse un cuadro existencial complicado, que lucha a brazo partido contra la marginalidad. Y esa circunstancia empieza a tomar forma sobre el papel: Informes, fichas, expedientes. Su paso por los servicios psiquiátricos y un diagnóstico de trastorno de personalidad se encargarían del resto. Trabaja cuidando ancianos, en fábricas textiles, de camarera...

Cuando quedó embarazada de Katia, su madre la aceptó en casa, pero a los tres días dormía en la escalera con una manta, un bocadillo y un barreño para orinar. Atrás quedaron tormentosas relaciones en busca de la felicidad, uniones y separaciones, idas y venidas, peticiones de ayuda oficial en las que su nombre se estampaba una y otra vez sobre el papel.

Me vi en una cama, temblando. Me quité las correas. Nació mi hija Katia y en ese momento fui consciente de que me la iban a quitar. Pude darle el pecho. Un técnico de Conselleria me dijo que la vistiera. Me dieron un mantón rosa.

Consiguió un piso pequeño pero acogedor. Preparó la habitación de Katia, donde espera una cuna vacía y un carrito de paseo, también vacío.

Pero Katia sigue en acogida, y pasados esos seis meses puede ser tramitada su adopción. Elohim Peñalver ha recogido firmas por la calle, y el 22 de diciembre de 2015 inició una huelga de hambre que mantuvo durante ocho días. Es una madre coraje que lucha por recuperar a su hija. Detenerse a contemplar el clima moral del asunto es un trabajo demasiado sensible para los funcionarios de la administración. Cuando Elohim fue engendrada bajo un árbol, no tenía otra cosa que aquellas raíces, exactamente lo mismo que le han arrebatado contra natura.

Conozco a Elohim hace diez años. Actualmente tiene una vivienda estable, se casó no hace mucho y estudia peluquería. Le han suspendido las visitas con su hija Katia, pese a que ha seguido el «plan de trabajo» a rajatabla. Tiene dos hijas más, fruto de otras relaciones, hecho que la condena socialmente incluso entre los más cercanos, que —lejos de comprender— sentencian con excesiva facilidad. Elohim creció sin referentes, pero no está encanallada. Es una mujer a la que tengo un cariño extraordinario. Han sido muchas horas, muchos días y noches escuchando, calmando, intentando mediar. Sus impulsos son proporcionales a ese gran corazón que le asiste, tan grande como frágil. A veces es pura revolución, otras, auténtica poesía. Querida Elohim: Tienes derecho a ser madre. Tienes derecho a irte de vacaciones, y tienes derecho a ser feliz.

Muchas madres pasan del dolor a la rabia, de la rabia a la valentía, y de la valentía a la duda que se encargará de sembrar el psiquiatra asignado para paliar su pena y medicar a sus anchas. Una pena causada a conciencia. El desequilibrio emocional es evidente y forma parte de esa separación caníbal. El vacío es indescriptible. Se supone que durante ese tiempo —nunca se sabe cuanto— la madre debe buscarse la vida y demostrar que puede hacerse cargo de su hijo mientras la tortura institucional crece y crece. No existe compasión. Ante los intentos de suicidio, se refuerza el rapto: «Es incapaz de hacerse cargo de su hijo. Está seriamente trastornada». Y sí, lo está. De eso os habéis encargado todos vosotros. «Loca» es vuestro punto final, que suma, pero no sigue.

«Los niños llegan llorando, quieren a sus madres, pero al final, comprenden que no son buenas madres, y acaban olvidando». De eso también os encargáis todos vosotros.

Los niños no tienen libertad para abrazar a sus madres, para mirarlas a los ojos, para pedir sollozando su vuelta a casa. Cuando alguna se atreve a franquear la barrera institucional y sale a la calle en busca de su hijo calculando el horario colegial con intención de verle a lo lejos medio minuto, un segundo, o menos, ese niño institucionalizado tiene orden de no alterarse lo más mínimo, de caminar cabizbajo y no mirar al frente por si aparece mamá. Mamá, la «mala madre» que no le rescata, esa mujer que viene de vez en cuando y juega con él como si no pasara nada.

«No le digas que va a salir de aquí porque no es verdad».

«Deja de darle tantos besos».

«Aléjate de él, juega y te callas».

«No llores. Eres una inestable y el niño ya lo sabe».

«No le vamos a poner esa ropa que le has traído. Llévatela».

«Si no haces las cosas bien, te quedarás sin visitas».

«Deja de cantarle siempre esa misma canción».

«No le hables del pasado. Ya no recuerda su casa».

«No preguntes una y otra vez si se acuerda de algo».

«Como sigas así, no te lo devolvemos hasta los 18 años. Tú misma».

«Pero si ya te lo hemos quitado ¿es que no te enteras?»

«Al niño no le interesa nada de tu abogado. Estás dando falsas esperanzas».

Durante las llamadas telefónicas «supervisadas» —con un técnico a la escucha—, el menor no sabe de qué hablar, y la madre, apenas conducir una conversación de quince minutos en la que no puede decirle a su hijo que le quiere. Se trata de que el niño le cuente lo que ha hecho en el colegio, qué actividades sigue en el centro, si hace frío, calor, si tiene sueño, si duerme, si le duele la garganta… conversaciones superficiales y anodinas, carentes de intimidad, muy similares a las de un preso adulto que cumple condena en sus tiempos y formas. Y todo ello, siempre por *el interés superior del menor*, que le convierte en inferior al tiempo que es oficialmente marginado.

Familiares de tutelados denuncian
abandono y negligencias

La directora de la Agencia Madrileña para la Tutela de Adultos (AMTA) y otros responsables de los tutelados están siendo investigados por un delito de omisión del deber de socorro. Mientras, la Asamblea de Madrid ha aprobado una Propuesta de Ley con la que se pretende una mayor transparencia en el organismo. Descontento generalizado es lo que uno se encuentra cuando habla con familias de tutelados por la Agencia Madrileña para la Tutela de Adultos (AMTA) y que se ha traducido en muchas denuncias interpuestas en los últimos años y la solicitud de la retirada de la custodia en los juzgados. Pese a todo, la AMTA sigue sin cambiar su modus operandi y los familiares no ven la luz.

Vozpópuli,
Marzo 2017

En la mencionada publicación, Carmen Sánchez, madre de un hijo tutelado, se queja de que ella debe proporcionar calzado, ropa y tratamientos médicos, así como el dentista. Otra madre afectada que ha demandado al AMTA reclamando la tutela de su hijo (con síndrome de Asperger) cuenta que vive solo en un piso compartido sin control de ningún tipo. También Teresa Solares, madre de un toxicómano esquizofrénico, denuncia desatención: «Mi hijo está sin tutor, llamo al teléfono de atención y no lo coge nadie». Pilar Castillejo habla de «trato denigrante y escalofriante» hacia su hijo Pablo, que padece síndrome de Prader-Willi. «No le dan el tratamiento que necesita para su enfermedad y le atiborran a psicofármacos para dejarle atontado».

Ian McEwan, escritor, publicó en 2015 *La ley del menor*, una obra magnífica en la que su personaje central, basándose únicamente en la judicatura, marca una peligrosa distancia a partir de la religión, la vida y las miserias humanas.

El autor define la ley del menor como:

el lugar donde justicia y fe se encuentran y se repelen; de las decisiones y sus consecuencias sobre nosotros y los demás; de la búsqueda de sentido, de asideros, y de lo que sucede cuando estos se nos escapan de las manos.

EL GRAN NEGOCIO DE LOS CENTROS DE MENORES

La única costumbre que hay que enseñar a los niños
es que no se sometan a costumbres.
Jean-Jacques Rousseau

Según Álvaro de Cózar y Mónica Ceberio Belaza:

El vocal del CGPJ Félix Pantoja relata que, cuan-
do era Fiscal coordinador de Menores de Madrid,
leyó un anuncio en prensa en el que se pedían educa-
dores «para empresa en expansión». La Fiscalía ave-
riguó que se trataba de una asociación que gestionaba
centros de menores. «Es un ejemplo de que esto se ha
convertido en un negocio», señala.

El País
19 mayo 2006

¿Alguien concibe la privatización de las cárceles de adultos? Los centros de menores, ya sean de internamiento, reforma o educativos, son cárceles para niños. Los testimonios
de los internos son terroríficos.

Celdas sin ventanas, malos tratos, medidas de contención,
medicación forzosa y aislamiento absoluto. «Si vuelvo, me
mato», así se expresaba una adolescente tras salir de un centro de protección terapéutico, donde la medicaban con Zy-
prexa (antipsicótico, antimaníaco y estabilizador del ánimo)
para que no molestara.

Lo primero que presencié al llegar fueron varios educadores atando a una persona. Me dieron un bote con medicación. En menos de una hora no podía hablar, y tampoco veía. Si hablabas en voz baja te castigaban. No podías contar secretos ni decir que alguien era tu amigo porque ya no le veías más. Controlan todo lo que hablas con tus padres, y como te pases, en lugar de seis pastillas te dan siete, aunque en realidad no sabes cuántas tomas porque las machacan y las mezclan con agua. He visto a gente tres días atada a una silla meándose y cagándose encima.

En el año 2000, los centros de tutela se adjudican a empresas de todo tipo, mientras que la Administración se desvincula por completo de su supervisión. Al parecer, esas fundaciones y ONG funcionan como subcontratas. La lista es interminable, y muchas de ellas han sido denunciadas. ¿Sin ánimo de lucro...?

José Luis Calvo, de la Asociación Pro Derechos del Niño y la Niña (PRODENI), se pronunció al respecto en 2009 (Periódico Diagonal):

El sistema de protección se ha convertido en una industria, que recoge la herencia de orfanatos y hospicios de antaño, regentados por la caridad de entidades religiosas o municipales y diputaciones, donde cada cual hacía de su capa un sayo. Se ha convertido pues, en un negocio híbrido en el que se mezclan proclamas de índole caritativa con la lógica del mercado.

Extrabajadores de centros de menores y pisos tutelados han denunciado malos tratos. La Fiscalía investigó el centro de Corralejo en 2014, cuya gestión de pisos tutelados estaba en manos de la empresa Arasti Barca Ma, adjudicada por el Cabildo de Fuerteventura. Una trabajadora del centro grabó con su móvil escenas de malos tratos más que evidentes.

En 2007 falleció un menor en el centro La Montañeta (Canarias). Se llamaba Jordi Brito. Al parecer, se encontraba encerrado en una celda de aislamiento. Murió por intoxicación de humo tras prender fuego al colchón, sin que sonara la alarma contra incendios. La empresa Securitas era la encargada de la vigilancia.

En otros centros de Tenerife se produjeron tres muertes. 24 educadores fueron suspendidos de empleo (no de sueldo). Uno de ellos estaba en busca y captura, y otros más tenían cuentas pendientes con la justicia. ¿Cómo podían estar ocupando un puesto de educador teniendo antecedentes penales y policiales? En ambos centros se acumulaban las denuncias por malos tratos, palizas, motines, violaciones e incluso intentos de quemar vivos a compañeros.

«Ya sabías cuáles eran las normas del Centro cuando entraste, si no te gusta te vas, moro hijo de puta». Eso le dijo al menor una de las monitoras del CAME I (Centro de Acogida de Menores Extranjeros no Acompañados).

A la cuidadora hubo que pararla, puesto que pretendía agredir al menor con intención de obtener respuesta por parte de este y poder hacer constar en el informe que el menor la había agredido. Y no es más que un ejemplo.

En cuanto a los reformatorios para jóvenes suizos traídos a España, en 2005 se destapa la Masía de Sant Llorenç de la Muga (Gerona), conocida como Can Gener, que funcionaba a modo de reformatorio ilegal para jóvenes suizos con problemas de conducta. Adolescentes de 14 a 17 años eran encerrados contra su voluntad. Todos hijos de familias adineradas, que pagaban una cuota mensual de 4.000 euros.

El régimen de internado se basaba en palizas, largos periodos de hambruna y encierro en jaulas de jabalíes durante más de ocho horas al día. Eran castigados si no cumplían las normas y les daban leche con cereales como única comida diaria. El centro no reunía las mínimas condiciones de salubridad.

La policía autonómica detuvo a tres personas, acusadas de detención ilegal y violencia física y psíquica en el ámbito del hogar. La fuga de cuatro internos destapó una realidad atroz. Tres de ellos consiguieron llegar a Suiza por su cuenta, y el cuarto fue localizado en la estación de Figueres.

Tras sus declaraciones, los Mossos llegaron hasta la masía, donde se localizaron las celdas de castigo. Los menores tenían diversas erosiones corporales y hematomas. Se encontró también una hormigonera a la que se había acoplado una bicicleta para obligarles a pedalear y mover la máquina con sus piernas.

La ciudad de Zúrich financió la estancia de tres de los jóvenes a través de la organización «Time Out», responsable del reformatorio clandestino, por iniciativa del departamento de asuntos sociales de Zúrich.

Alejaban a los chicos de su entorno con la intención de conseguir una «reeducación y reforma» perfectas. Según algunos padres, se trataba del «último recurso» ante la imposibilidad de controlar a sus hijos.

2008. Antena 3 estrena la miniserie de dos capítulos titulada *El Castigo*. Los hechos recogen lo sucedido en la masía de Can Gener, por la que pasaron cientos de jóvenes suizos.

El rastro de la noticia me condujo hasta la WWASP (*World Wide Association of Specialty Programs and Schools*), cuyos centros de tortura y reeducación constituyen uno de los secretos mejor guardados de EE. UU. Los padres abonan grandes cantidades de dinero por la estancia en lugares similares a Gulag o Guantánamo. Uno de ellos, situado en Jamaica, es TRANQUILITY BAY, donde se maltrata a los niños (quemaduras realizadas con gas pimienta, gases lacrimógenos, duchas frías, ejercicio físico extremo) y se les hace un verdadero lavado de cerebro. TRANQUILITY BAY es uno de los muchos centros de la WWASP, entidad directa del fundamentalismo mormón.

Los chicos son arrancados de la cama a medianoche en sus propias casas y llevados por la fuerza sin saber adónde van. El enlace del documental que se adjunta permitió –por primera vez– que se pudieran contemplar imágenes y escuchar testimonios.

Padres desesperados cuyos hijos rebeldes se encuentran al borde de la delincuencia, falta de autoridad, excesiva protección o ausencia de referentes, son algunos de los motivos que conducen hasta este tipo de centros de tortura aconsejados por asistentes sociales como «perfectos reformatorios para adolescentes difíciles».

Se han puesto denuncias, pero los responsables continúan al frente de este tipo de centros, que permanecen todavía abiertos. Al parecer, durante una investigación económica, se pudo comprobar que la WWASP financia con ingentes sumas de dinero tanto al Partido Republicano como al Movimiento Mormón.

En Cataluña, actualmente se habla de «polvorines» en los centros de menores de la Generalitat:

> *Fugas, castigos severos, situaciones de riesgo para los niños e insectos, componen la fotografía de algunos espacios. Trabajadores, familias, chavales y el propio Síndic de Greuges denuncian la situación".*

El Periódico
Teresa Pérez
8 enero 2017

Cuando ingresé en el centro me dijeron que no había plazas y me pusieron a dormir en una despensa tan pequeña que desde la puerta saltaba a la cama. Había chinches, mosquitos y piojos

N.H.

Ante la falta de plazas, se mezclan a niños muy pequeños con adolescentes que padecen problemas de salud mental. Las agresiones físicas son diarias. Los niños tienen miedo. Se habla de castigos medievales y medidas disciplinarias desproporcionadas. Los aislamientos y contenciones son salvajes. El personal de seguridad participa en las contenciones del mismo modo en que lo hace la policía en manifestaciones multitudinarias.

En 2015, Andalucía investigó varias denuncias de maltrato en un centro de menores de Almería. Tras el maltrato de los cuidadores a un menor, el cuidador denuncia al menor en el acto, con intención de cubrirse las espaldas.

Drogas, peleas, robos, corrupción, duchas frías, un rollo de papel higiénico por interno cada dos semanas... peor que una cárcel. Habitaciones de aislamiento mínimas con una silla en el centro y las paredes llenas de espejos, además de una luz amarilla. Correspondencia censurada, llamadas telefónicas intervenidas... aunque, por otro lado, absoluta falta de control en cuanto salen del centro para ir a clase o pasar el fin de semana con sus familias, aunque tampoco existe control alguno en el interior.

Mi hija era un monstruo. Robaba, se saltaba las clases, llegó incluso a pegarme. No podía controlarla. Su habitación era como una gran bolsa de basura en la que yo no podía entrar. Empezó a fumar porros, y creo que algunas otras sustancias. Se acostaba con cualquiera, incluso con hombres que le doblaban la edad. No me quedó más remedio que el centro de menores.

F.J.

La mayoría pasa del centro de acogida a centro de reforma. ¿Dónde está la protección? No existe control alguno. La *píldora del día después* está en manos de los educadores con tanta facilidad como la aspirina. Saben que la promiscuidad campa por sus fueros y no hacen nada al respecto.

El año pasado, en *Cuatro*, se alertaba de dos casos muy graves que se desarrollaron de forma paralela:

En el primero, el director del centro de menores de Sansoheta, en Vitoria, dependiente de la Diputación Foral de Álava, denunció ante la Ertzaintza que algunos menores acogidos habían sufrido abusos.

Una menor del centro relató a los agentes que se había prostituido en un piso de Vitoria y que incluso había otros menores afectados, y varios profesionales implicados. De momento se han denunciado cinco casos. Por otro lado, en otra investigación del centro de menores de Bideberri, se comprobó que seis menores contactaban con clientes por Internet con los que mantenían relaciones sexuales.

En abril de 2017, fue detenido un hombre de 70 años por inducir a la prostitución a jóvenes ingresados en un centro de menores (*El Periódico*):

Durante las investigaciones los policías averiguaron que el sospechoso al parecer merodeaba alrede-

dor del centro desde el año 2005, se acercaba a la puerta de entrada y sacaba un monedero que les mostraba a los jóvenes, ofreciéndoles en un primer momento pocas cantidades de dinero o tabaco, a cambio de nada. Una vez ganada su confianza, al parecer les proponía mantener relaciones sexuales con él a cambio de cierta cantidad de dinero. Las relaciones sexuales al parecer consistían en que los menores se dejasen masturbar por él a cambio de cinco euros. Al parecer, el acusado acudía por las inmediaciones del centro entre dos y tres veces por semana".

En marzo del mismo año, *Alerta Digital* lanzaba el siguiente titular: *¿Pedofilia y prostitución en las instituciones de menores controladas por las comunidades autónomas españolas?* La noticia detalla el aumento de casos al respecto:

-Marzo 2016. Denuncia que señalaba a la «fiscal jefe de Sevilla como encubridora en Andalucía de una red de tráfico de menores y por bloquear la investigación sobre informes falseados por los Equipos Psicosociales». Y añade:

Podría ser la punta del iceberg de una sospechosa práctica destinada a retirar la custodia de los hijos a familias con problemas, de forma que los Servicios Sociales se apropian de la tutela.

La publicación se pronuncia con respecto a los menores tutelados: «fenómeno presente en todo el mundo occidental, pero que en España ha adquirido una dimensión monstruosa».

-Agosto 2016: Menores tutelados por la Generalitat de Catalunya fueron captados y abusados sexualmente para vender las imágenes por todo el mundo. Se trataba de una red criminal que actuó impunemente durante 15 años (2000-2015).

Acudí a la DGAIA junto con otras asociaciones, y todas pusimos una queja al respecto, además de pedir explicaciones. Mi queja –escrita– hablaba sin tapujos de robo de niños legalizado en manos de los servicios sociales. Recibí por toda respuesta el enlace de un video colgado en YouTube donde Dolors Bassa intentaba justificar los hechos.

-Noviembre 2016: Prostitución de menores tutelados por la Diputación Foral de Álava.

-Noviembre 2016: Menores tuteladas por el gobierno de Canarias participaron en fiestas de una trama de prostitución. ¿Protección del menor? ¿Interés superior del menor?

Empresarios, políticos, jueces, periodistas, personajes de la alta sociedad... fiestas privadas en la Comunidad Valenciana con menores tutelados (Bar España).

Según El Confidencial (16 abril 2017), el centro de menores San Xosé de Vigo es el lugar de donde todos se quieren fugar. «Las constantes huidas ponen en entredicho a instituciones de tutela, con el Hogar San José de Vigo como protagonista de reiteradas denuncias». Pablo López Vigo, autor del artículo, insiste en que «la polémica persigue a la Fundación Casa Caridad, cuyo patronato asignó la gestión del centro a una institución religiosa, las Hijas de la Caridad».

Dicha congregación, famosa por el robo de bebés durante el franquismo e incluso en democracia, gestiona actualmente centros de menores, recibiendo más de 1.500 € mensuales por menor interno.

Se habla de abusos sexuales y físicos –así lo afirma el psicólogo Gonzalo Meirelles–: «Niños atados con cuerdas, monjas arrastrando menores de los pelos por los pasillos». Menciona también el llamado «cuarto del saco», un habitáculo sin luz donde se coloca un saco de boxeo con intención de que los internos desaten su ira (todo ordenado por las monjas).

Existe un video al respecto que no ha sido reproducido con intención de proteger a los menores. Monjas y educadores amordazan a los más pequeños con un trapo sucio, para ser encerrados en el «cuarto del saco» durante días enteros. Asimismo, niñas de nueve años ingresadas en ese centro, dicen haber mantenido relaciones sexuales con compañeros en el montacargas.

Otros son golpeados por educadores con un libro sobre la cabeza si se equivocan en la tabla de multiplicar.

Un testimonio anónimo grabado por la Cadena SER cuenta que tanto monjas como educadores les tiran al suelo retorciendo brazos, siendo reducidos de forma violenta mientras educadores y monjas colocan sus rodillas con fuerza sobre el cuerpo del menor tendido boca abajo. No es más que una de las formas de reducción. Cuando el menor no puede estar sometido durante más tiempo a medicación forzosa, se impone la fuerza física. En un centro, pasar desapercibido no es tarea fácil. Los castigos se producen por una simple mirada a los ojos de un educador, reproduciendo ese patrón de banda callejera que se activa al mínimo gesto.

Julio Rubio es un joven madrileño del barrio de Hortaleza que se dedica en cuerpo y alma a los menores. Él mismo afirma haber sido «un golfillo». Este educador social afirma que actualmente cualquier educador tiene más poder que un juez.

La carrera de educador social es una gran estafa, igual o peor que el tarot de la Pitonisa Lola, que se creó en los años 90 para que la policía pudiera entrar en los domicilios. Antes no podían hacerlo. Yo la estudié para saber qué método se impartía. No aprendes nada. Solo sirve para tener esa placa, como si fueras un policía social que te permite la entrada en cárceles, intervenir y legitimarte ante la policía. No te enseñan pedagogía, te enseñan burocracia, plan, proyecto, programa, objetivos generales y específicos.

La filosofía de Julio es completamente opuesta a la de los centros de menores.

Tú no puedes coger 20 chavales duros de la calle y meterlos en un centro. Los educadores no tienen ni idea de cómo tratarlos. Yo he tenido chicos incluso en mi casa, y nunca han sido violentos. Por eso el sistema de pisos tutelados sí está funcionando, aunque no de forma general. Digamos que algunos se salvan, sobre todo los destinados a mayores de 18. Ahí, el chaval se quita la carga del menor. Ya no es menor. En Alcorcón hay un piso que está muy bien.

Los menores se han convertido en una industria. Se gestionan ONG en lugar de empresas. ¿Con qué resultado...? Ninguno. Nadie dice nada. Tanto las Fundaciones como las ONG son una industria de lo social. Un negocio que genera muchos puestos de trabajo.

Te presentan un informe de 50 páginas y la culpa de todo siempre es del menor, al que le asignarán cualquier tipo de trastorno, y eso da mucho juego. Ya es un preso institucional.

Por otro lado, existe un gran corporativismo laboral al respecto. Se colocan verdaderos mediocres que saben perfectamente de los malos tratos en los centros, y no hacen nada. Van a defender su puesto de trabajo. CCOO les apoya. El corporativismo es absoluto.

Julio empezó metiéndose en distintas asociaciones. Actualmente trabaja a media jornada en la Fundación Raíces. Curiosamente, le niegan la entrada en los centros de menores del barrio:

Realmente asombroso: si el chaval cae preso, tengo acceso a visitarle, pero en el centro de menores, no. Para ellos, yo soy un bandido que no pertenece a institución alguna y voy contra el sistema, por eso mi flexibilidad es total. Los centros de menores son un búnker informativo que incumplen las leyes.

Los macrocentros de menores funcionan como Guantánamo.

El peor es el de Picón del Jarama. Los centros terapéuticos son barra libre: Yo te cuelgo, te azoto, te drogo, te aíslo, y todo cuela como terapia. Se violan por sistema los derechos humanos. El centro de reforma Teresa de Calcuta es más de lo mismo. Malos tratos por sistema. Además, ellos están en posesión de todo, empezando por los partes de lesiones. ¿Cómo puede existir la mínima defensa posible cuando el agredido vive con el agresor? Es el juego del ratón y el gato. El agresor dirige y gestiona tu vida.

Con respecto al centro de menores Picón del Jarama, existe un dossier informativo elaborado por la Asamblea contra los Centros de Menores Cerrados más que alarmante: Malos tratos y violaciones de los derechos humanos. Los documentos incluidos en dicho dossier han sido presentados en el Registro Madrileño del Menor y la Familia. Existen, además, varias denuncias judiciales.

El testimonio de una menor solicita lo siguiente: «Quiero saber si existe alguna orden judicial que permita mantenerme encerrada contra mi voluntad. Quiero conocer la cantidad de fármacos que se me han administrado».

La menor, además, hace constar lo siguiente:

Que se encuentra privada de libertad. Que ha solicitado la presencia de un abogado. Que ha sido sometida a un confinamiento solitario, permaneciendo encerrada en una sala durante 48h, a oscuras. Que algunos de sus compañeros se han autolesionado durante los encierros. Que uno de ellos se hizo sangre en las manos durante su aislamiento y quedaron las manchas de sangre en la pared. Que se le interviene la correspondencia y se escuchan sus llamadas telefónicas. Que las cartas que recibe están abiertas. Que tanto educadores como vigilantes la han tirado al suelo retorciendo sus extremidades. Que un educador llamado «Sebas» le retorció el brazo para ser conducida a una celda de aislamiento. Que a un compañero le han fracturado el cráneo golpeando su cabeza contra un radiador, y no le llevaron al médico. Que en ocasiones han suspendido a la menor de forma brusca los fármacos administrados porque «se habían acabado», creando un síndrome de abstinencia considerable.

Que cuando ingresó en el centro le quitaron la ropa y fue obligada a hacer sentadillas completamente desnuda ante una educadora y una vigilante. Que los menores del centro son obligados a hacerse análisis de orina, y en caso de negarse, les cierran la puerta del baño y algunos se orinan encima. Que la han castigado sin comer por llegar tarde al comedor, pasando muchas horas sin ingerir alimento alguno.

Al final del testimonio, la menor solicita «no ser acompañada a la comparecencia por nadie del centro Picón del Jarama, porque si están delante me va a dar miedo decir la verdad por si me castigan».

Se adjunta un parte médico por crisis de ansiedad: «La paciente acude acompañada por un amigo, refiere estar muy nerviosa y no quiere ir al centro Picón del Jarama porque allí recibe malos tratos».

Ahora yo tengo decidido fugarme, o me voy o me mato, porque estar aquí es una tortura física y psíquica constante. Hago esta carta que espero lea mi madre y mi familia, policías, los de ayuda al menor y la gente de fuera, aquí en Picón del Jarama (Paracuellos), los menores sufrimos. Por favor, llama y cuéntalo a la policía, a los de Ayuda al Menor. Por favor te lo pido. Ayudadme, yo pagaré las llamadas. Es muy urgente.

Otro menor interno en Picón del Jarama presenta una carta manuscrita:

Necesito que aclaren mi caso, necesito ver urgentemente mi situación, me dicen que no protestemos porque seguramente vaya a un sitio peor o a reforma, no entiendo por qué me amenazan con reforma ya que yo no tengo condena. Tengo miedo a que a través de esta tramitación, allí dentro se me trate peor, porque ya al denunciar en comisaría se me dio un trato distinto, perjudicial y ofensivo, como les ha pasado a otros menores.

También otro interno de Picón del Jarama presentó una denuncia en la que detalla:

Estoy siendo sometido a medicación forzosa. Me dan Risperdal, dicen que es para los nervios, pero me he informado y sé que es para enfermedades graves. En el centro me han quitado mis objetos personales como forma de castigo.

Las quejas de los menores fueron presentadas a la Comisión de Tutela. Instituto Madrileño del Menor y la Familia. Todas ellas están selladas por el Registro General del Instituto Madrileño del Menor y la Familia.

Me han hecho tres contenciones. En una de ellas, el vigilante Cristian me agarró del cuello aplastándome contra el suelo, donde había cristales, y me corté la frente. Me han metido cuatro veces en aislamiento. He visto cómo dos vigilantes golpearon a un compañero en la cabeza con un detector de metales.

Paso las 24h del día con alguien controlando mi vida. Cuando me ducho hay un educador mirando. En el centro está prohibido mantener conversaciones privadas entre los internos. No me permiten estar a solas con mis compañeros ni hablar con ellos sin ser escuchados por educadores. No se me permite hablar en mi lengua materna. No me dejan hablar ni mostrar afecto a compañeros de otro grupo. Me han cacheado dos veces en los que me desnudaron delante de dos vigilantes, sin educadores. Todos los días me obligan a pintar paredes o arreglar el asfalto de la entrada usando pico y pala durante una hora y media.

También denunció una auxiliar de educadora del mismo centro Picón del Jarama, controlado por la Fundación O'Belén:

Los educadores éramos los encargados de dar la medicación a los menores. En ocasiones las indicaciones médicas no eran claras o las pastillas de los pastilleros no encajaban con lo prescrito. En ocasiones tenían medicamentos o dosis ya obsoletas. En ocasiones, las medidas educativas creativas tenían una línea más destructiva que educativa: Fregar el pasillo de ala a ala del centro 7 veces. Echarse alcohol en las heridas en caso de autolesión. Copiar 500 veces una frase. También considero que en ocasiones, el suministro de medicación parece basarse más en el bienestar de los trabajadores del centro que en la salud del menor, pues le genera gran dependencia. Quiero hacer constar que durante el tiempo que he estado trabajando como educador del centro, no he recibido ninguna conducta inapropiada por parte de los menores (como faltas de respeto, insultos, ni mucho menos coacción, amenaza o resistencia al cumplimiento de las directrices e instrucciones dadas por mi persona), manteniendo en todo momento las distancias educador-menor y teniendo los límites claramente marcados, a través de una actitud dialogante y de respeto hacia el menor. Considero que hay una falta de formación profesional adecuada del personal del centro para poder llevar a cabo las funciones asignadas de velar por la integridad física y psíquica de los menores y conseguir una adecuada inserción sociolaboral de los mismos. Solicito se preste atención a la situación descrita que en mi opinión afecta a la salud física y mental, así como al equilibrio emocional de los menores recluidos en el Centro Picón del Jarama, y se adopten las medidas que Uds. juzguen pertinentes para proteger eficazmente a dichos menores y poder ofrecerles confianza en la sociedad adulta a la que se tienen que incorporar.

Esta educadora trabajó en el centro solo durante algunos meses. La misma indica cómo se le prohibía hablar con una interna determinada que se encontraba en aislamiento, donde las habitaciones no tenían ventanas, puesto que estaban cubiertas por una lámina blanca con intención de provocar una sensación absoluta de encierro. Indica también que los registros, en otros centros, solo los puede dictaminar un juez. Dichos registros pasaban por bajarse las bragas y hacer tres sentadillas.

El primer día de trabajo me tocó hacer un turno de noche. Me pusieron en mitad del pasillo con una silla de plástico. Estuve sola todo el tiempo, ya que mi coordinadora se puso a dormir en una habitación.

La rotación del personal era muy grande, la gente no se quedaba demasiado. Tuve compañeras de un solo día, literalmente. Yo aguanté 4 meses y me llamaban «veterana». Incluso me encomendaron ser tutora de un menor cuando su tutora estuvo ausente del centro. Cuando una noche me pidieron que fuese yo la que organizara el pastillero según la prescripción médica porque por la mañana la medicación se daba con urgencia antes del desayuno y no había tiempo a organizarlo, entonces me di cuenta de lo ambiguas que eran las prescripciones médicas: escritas a mano en un cuaderno con letra rápida de la doctora, en ocasiones hablando del nombre comercial del medicamento

También se presentaron denuncias ante la Oficina del Defensor del Pueblo por parte de educadores que trabajaron en el centro de terapia para menores La Jarosa.

En una de ellas, la relación del personal presente en el centro (turno de tarde) consta de 3 educadores: una educadora social que lleva tres semanas en el centro y que pide la baja voluntaria dos días después; otra educadora social que lleva tres meses en el centro; un psicólogo que empieza a trabajar en marzo y no aguanta más de una semana, por lo que solicita la baja voluntaria; y un coordinador de educadores que se encuentra de baja psicológica.

En dicha denuncia, se detalla lo siguiente:

de haberla, está rota con un gran boquete en su parte central, y no se puede cerrar.

En la cuarta planta hay tres celdas de aislamiento que no están terminadas. Una no tiene puerta y las otras dos tienen ventanas pero sin cristal, aunque sí con rejas metálicas. Se intenta proteger a los menores del frío con una manta de lana que cubre la ventana.

El centro no está prácticamente ventilado, pues está prohibido abrir las ventanas. Esto da al espacio un olor desagradable. No hay televisión o aparatos musicales. Tampoco ningún elemento deportivo o juguetes. Sí algunos juegos de mesa, pero su uso está prohibido.

Un menor fue sedado introduciendo medicamentos en su comida, por lo que permaneció dormido mientras cumplía 24 h de aislamiento. Los menores se encuentran todos muy nerviosos, pese a estar medicados con ansiolíticos. Se producen constantes muestras de violencia verbal, tanto por parte de los menores como del personal educador y de seguridad. Una de las educadoras llama a un menor repetidas veces «pequeño gordo cabrón».

Tras un motín en el centro que acabó con dos fugas, los guardias de seguridad, que no tienen conocimientos suficientes para reducir al menor sin dolor, le tumban boca arriba en el suelo, le retuercen los brazos y le sacuden hasta que logran inmovilizarle. Esta situación se produce unas seis veces a lo largo de la tarde.

Tras ser presentada la denuncia al Defensor del Pueblo, Miguel Ángel Aguilar Belda, Adjunto Segundo al Defensor del Pueblo, responde:

Desafortunadamente, el órgano administrativo competente en relación con su queja relativa al centro de adaptación psicosocial de menores La Jarosa, persiste en su actitud de no enviar la información pedida.

Daniel Borrasteros (*El País*, febrero de 2009) afirma que «Madrid desoyó peticiones del Defensor del Pueblo sobre centros de menores. La Comunidad obstruyó la investigación de tratos degradantes a niños enfermos».

Pese a ser destapadas por el Defensor del Pueblo todas las irregularidades en centros de protección de menores, tanto Madrid como Castilla-La Mancha «han sido acusadas de inacción». El informe del Defensor del Pueblo detallaba «castigos crueles y trato humillante» a niños con problemas psicológicos tutelados por las administraciones. La Comunidad ignoró durante siete meses las peticiones del Defensor sobre el centro La Jarosa, que estaba siendo investigado por la institución. Solo contestó cuando ya había cerrado el lugar, uno de los más «bestias y siniestros», según todos los expertos, incluidos algunos de la propia Administración. La respuesta de la Consejería de Familia y Asuntos Sociales aseguraba que se había rescindido el contrato con la empresa adjudicataria, la Fundación O'Belén. Ya no había lugar a la investigación.

Finalmente, el centro fue clausurado, aunque su cierre se tradujo en un traslado. Los menores fueron a un centro de mayores dimensiones con el mismo personal e idénticas condiciones.

También Amnistía Internacional denunció el trato vejatorio que reciben en España los menores tutelados internados en centros, concretamente los relacionados con la Fundación O'Belén.

Un educador afirma estar convencido de que fue contratado por su peso: más de 100 kg: «Se trata de anular al niño para reconstruirlo».

Adolescentes sometidos a exploraciones anales, protocolo de ingreso calcado al de las cárceles para adultos, ausencia de tareas de ocio, cuando todos los centros cuentan con entradas gratuitas a parques de atracciones, zoo, acuario, museos, etc., a través de la *Fundación Soñar Despierto*, relacionada con los Legionarios de Cristo, de la que a su vez se nutre una reciente ONG catalana *Somos solidarios ¿nos ayudamos?*, especialistas en activar la búsqueda de empresas solidarias que aporten ingentes donativos-.

El creador de la Fundación O'Belén es Emilio Pinto Rodríguez. Fue cabeza de lista del PP y ejerció de concejal en Sigüenza. Es maestro, no terapeuta. Al privatizarse los Servicios Sociales, Pinto entra en esa gran industria del menor en 1999 con la Fundación, ayudado por un directivo de Ibercaja, el arzobispo de Zaragoza, Manuel Pizarro (entonces presidente de Endesa) y otros personajes e inversores con los que hábilmente se hace tras su paso por el PP.

Carlos Moreno Cámara fue gerente de la Fundación (expulsado del PP en Guadalajara).

Juan Carlos Montilla Machuca fue delegado de relaciones exteriores de la Fundación (expresidente de la Diputación de Guadalajara y exdelegado de Bienestar Social de la Junta de Castilla-La Mancha).

Pinto consigue importantes contratos para gestionar centros de menores. Contrata personal con salarios muy por debajo del convenio. La Fundación O'Belén recibe las primeras denuncias en 2006, que son interpuestas por trabajadores del centro Casa Joven, y más tarde denuncian tres trabajadores del centro Picón del Jarama.

Tres menores muertos: Saray Granados, 14 años. Fallece al tirarse de una furgoneta en marcha que la conducía de regreso a Casa Joven. Hamid Amrani, 13 años. Se ahorca en el centro Picón de Jarama durante un aislamiento, y David, de 12 años, también muerto, cuya autopsia descartó la rotura del cuello y ratificó la asfixia por ahorcamiento.

Absolutamente todos los responsables permanecen impunes.

SISTEMA EUROPEO

En 2011, España firma un protocolo de la Convención de Derechos del Niño en el que se reconoce al menor la capacidad de defenderse. Dicho protocolo fue suscrito en Ginebra por Gonzalo de Benito (Secretario de Estado de Asuntos Exteriores), y en él se reconoce la competencia del menor para presentar cualquier tipo de queja. Con ello, se reafirman los derechos de la infancia.

Esos derechos del niño (que la inmensa mayoría desconoce) son los siguientes:

- Derecho a la vida (calidad de vida, alimentación, hogar y demás elementos para su desarrollo).
- Derecho a la salud (cuidados, atención médica, tratamiento, suministro de medicamentos necesarios).
- Derecho a la educación (leer, escribir, actividades artísticas y culturales).
- Derecho a la familia (el niño precisa los cuidados de sus padres, y en ausencia de estos o familia extensa, será la sociedad quien le debe proporcionar un hogar feliz).
- Derecho a la protección contra cualquier discriminación (sin distinción de raza, sexo, idioma o religión).
- Derecho a la protección contra los malos tratos (Nadie puede humillar ni maltratar a un niño. El niño será siempre respetado por los adultos).
- Derecho a la protección contra la explotación (Los niños no pueden trabajar. Existe una edad reglamen-

tada. Los niños no pueden ejercer actividad alguna que le pueda poner en riesgo).

- Derecho a la paz (los niños no deben intervenir en guerras, ser torturados, encarcelados o condenados. Las medidas educativas deben prevalecer).
- Derecho a la identidad (los niños tienen derecho a elegir su religión, hablar su idioma nativo, conservar su cultura y costumbres).
- Derecho a la libertad de expresión (los niños tienen derecho a opinar de los temas que les atañen o interesan).

Existe también «el abogado del niño». El menor puede elegir su abogado entre los 14 y 16 años, edad en la que el menor es consciente y comprende las consecuencias de sus actos. Dicha figura también se desconoce, y —en consecuencia— no se ejerce.

Todos los derechos de los niños son vulnerados de forma sistemática desde el momento en que la administración asume su tutela. El desconocimiento general al respecto impide que se cursen las denuncias pertinentes.

A su vez, en los centros de menores, también se tienen derechos:

- El menor tiene derecho a saber por qué está en un centro (*por algo estás aquí, tu madre no te quiere, te han abandonado*).
- El menor tiene derecho a conocer las normas de funcionamiento del centro (*tú haces lo que yo digo, y punto*).
- El menor tiene derecho a ser respetado (*cabrón, hijo de puta, enano, cerda, zorra, golfa*).

- El menor tiene derecho a un tutor que se preocupe por él y atienda sus problemas (*a mí no me vengas con cuentos, si estás aquí, es por algo*).
- El menor tiene derecho a participar en las asambleas del centro (*tu opinión no cuenta, tú no eres nadie, o te callas o te meto en aislamiento*).
- El menor tiene derecho a participar de forma activa en la programación de actividades internas y externas del centro (*no vas a ver la calle en un mes, te quedas encerrado a oscuras hasta que yo te lo diga*).
- El menor tiene derecho a la intimidad y a sus objetos personales, así como a un lugar donde guardarlas, y también a decorar el espacio que se le asigna (*no vas a tener tus cosas mientras sigas protestando*).
- El menor tiene derecho a la confidencialidad de sus datos e historia personal (*eres un golfo, un desgraciado, por algo tu padre está en la cárcel y tu madre no te quiere*).
- El menor tiene derecho a ser respetado por sus creencias y practicar su religión (*moromierda, aquí tu dios no pinta nada*).
- El menor tiene derecho a recibir visitas de su familia (*te quedas sin visitas porque lo digo yo*).
- El menor tiene derecho a recibir llamadas telefónicas sin que estas sean escuchadas por personal del centro (*no le digas esas cosas a tu madre o te meto en aislamiento dos días, que te he estado escuchando*).
- El menor tiene derecho a enviar y recibir cartas, así como utilizar correo electrónico sin que nadie sea conocedor del contenido (*como vuelvas a escribir esas cosas a tus padres, no les ves en un año*).

Si estos derechos no son respetados, el menor puede interponer una queja en el propio centro. La queja, interpuesta ante los agresores, de inmediato es «asistida»: El educador denunciará antes al menor, puesto que lo tiene controlado, sometido, vigilado y medicado. El menor tiene que continuar permaneciendo en el centro, por tanto, teme las represalias. Como mucho, podrá ser trasladado. En general, las denuncias no sirven de nada y los educadores se justifican con «el fallo» de las mismas.

En marzo de 2017, la diputada del grupo mixto Xelo Huertas presentó una proposición no de ley para investigar expedientes del IMAS (Instituto Mallorquín de Asuntos Sociales). La noticia provocó un importante escándalo, calificando de «frívola e irresponsable» la propuesta de Huertas sobre el sistema actual de protección de menores. Para los socialistas se trata de algo «muy grave», y estos alegaron que el colectivo trabaja con rigor, y Huertas desconoce la realidad de lo que sucede. Muy al contrario, Huertas la conoce perfectamente: menores marginados por el sistema, institucionalizados, fuera de la sociedad, tutelas retiradas a familias sin recursos con informes falsos y manipulados.

Por otro lado, la nueva Ley de Infancia agiliza los procesos de adopción. Un extenso informe de Vera Rodionova (Moscú) habla del «Sistema de protección de infancia en Europa que tapa el robo de niños legalizado». Es un método europeo.

El buró de estadística alemán publicó datos de la extracción de niños a las familias por parte de los servicios sociales alemanes (Jugendamt) hasta el año 2015. Según sus informes, la cantidad de retirada de tutelas ha crecido de forma brusca en los últimos años. El Defensor de niños y familias rusas en Alema-

nia, Maxim Zhilenkov, explicó en las audiencias de la Cámara Pública de la Federación Rusa que en 2004 los medios de comunicación crearon una campaña publicitaria sobre las familias asociales y niños desamparados.

628.000 retiradas de tutela en Alemania hasta 2013 (no se facilitan datos actuales). De ellos, dos tercios son alemanes nativos y un tercio hijos de inmigrantes.

En el 40% de los casos se indica como causa la «sobrecarga patológica excesiva de las familias» que engloba todo tipo de marginalidad social, incapacidad o dudas paternas sobre la educación de sus hijos, trastornos psíquicos de los padres o situaciones de riesgo relacionadas con la posibilidad de ejercer violencia física a los menores.

Un 39% regresan con sus padres, por tanto, no era necesario crear el trauma que supone ser separados de sus familias. ¿Por qué no se ayudó a las familias?

En Francia, casi 140.000 menores se encuentran en centros o con familias de acogida. Pierre Naves afirma que los niños maltratados o abusados sexualmente solo representan una parte ínfima (20% sobre el total de retiradas injustificadas), es decir, 68.000 dramas familiares provocados por los servicios sociales podrían haberse evitado. Esos menores son ingresados en centros de forma ilegal, es un secuestro. En los centros de menores franceses les someten a una verdadera tortura psicológica. Las medidas de los servicios sociales son criminales. Utilizan métodos destructivos, irreversibles para el desarrollo psicológico del menor. Los servicios sociales se justifican con argumentos como «el interés del menor» (exactamente igual que en España). Separar a un hijo de su madre supone una forma de muerte psicológica. La policía fiscal argumenta: «Actuamos en ausencia de los padres, todo ha ido muy bien». Con semejante frase se argumenta la retirada de un menor en Francia.

Vera Rodionova remarca en su informe:

El sistema juvenil en Francia, tal y como ahora funciona, se introdujo en 1948. En los años 80, sociólogos y especialistas en ciencias humanas criticaron la retirada de tutelas a familias sin recursos, obteniendo algunos resultados. Los niños son «la única riqueza de los pobres».

Tanto en Noruega como en Inglaterra sucede exactamente lo mismo, aunque en Inglaterra, los servicios sociales llegan al extremo de «prohibir» a los padres cuyos hijos son tutelados que cuenten lo sucedido. Es decir, no se les permite explicar a nadie su situación, bajo riesgo de ser multados.

El caso de Irina Bergset, una madre rusa cuyo esposo noruego fue acusado de abusos sexuales hacia sus hijos, llegó hasta el Ministerio de Asuntos Exteriores ruso. Los niños tienen 4 y 13 años. Irina fue detenida junto a su hijo mayor a petición de los servicios sociales de Oslo, cuando se encontraba durante el mes de agosto en Polonia, intentando abandonar la Unión Europea tras conocer los actos de su marido. Los niños fueron enviados a familias de acogida noruegas, y un detective privado ayudó a Irina a recuperar a su hijo mayor. Irina se ha convertido en una gran activista contra los servicios sociales.

Se actúa también entre países, como es el caso de unos padres que en 2012 reclamaban a los servicios sociales noruegos la devolución de sus hijos, que fueron retirados por la Generalitat, ya que vivían en Torrevieja (Alicante).

En febrero de 2012, los servicios sociales noruegos se llevaron a los menores a una casa de acogida del país. Los padres, Patricia y Tom, reclaman a la justicia española la anulación del expediente de desamparo, así como la repatriación de los niños. Funcionarios noruegos recogieron a los menores en el colegio. No hubo autorización judicial ni comunicación al Ministerio Fiscal. La *Conselleria* justifica la delegación a las autoridades noruegas por «desconocimiento del idioma de los menores», que viajaron con verdaderos desconocidos hasta Noruega (3.000 kilómetros). No existía desamparo, aunque sí un seguimiento de los servicios sociales noruegos por supuesto consumo de estupefacientes por parte de los padres. Los niños estaban escolarizados en el Colegio Noruego de Ciudad Quesada (Alicante), que emitió informes favorables. A través del consulado general noruego de Alicante se hace llegar un aviso sobre los menores a los servicios sociales españoles. Los padres no reciben ningún tipo de comunicación al respecto, por lo que de la noche a la mañana, se quedan sin sus hijos y la comunicación se reduce a llamadas por Skype. Los niños escriben a sus padres diciendo que quieren vivir con ellos y regresar a Alicante.

Por otro lado, una familia noruega perdió a sus cinco hijos «por ser demasiado cristianos». Los padres vivían en Naustdal. Agentes de protección juvenil se llevaron a los dos hijos mayores presentándose en el colegio sin informar en ningún momento a los padres. Ese mismo día, la policía se presenta en casa para llevarse a dos niños más, dejando al bebé de tres meses, que fue retirado al día siguiente. A las 48h, los padres son informados de que sus cinco hijos se encuentran con dos familias adoptivas, es decir, separan a los hermanos.

Todo partió del director del colegio, que acudió a los servicios de protección infantil alegando que los niños eran «demasiado cristianos» y que los padres precisaban ser orientados gubernamentalmente para educar a sus hijos.

En 2015, miles de checos se manifestaron contra los servicios sociales en Noruega. «Noruega tortura a los niños checos», se leía en grandes pancartas. La manifestación tuvo lugar ante la embajada de Praga, apoyando a madres como Eva Michalaková, que perdió la custodia de sus hijos en 2011. Los niños llevan años en un centro de acogida, pese a que las autoridades noruegas archivaron la denuncia contra ella, sin cargos. Se produjeron también protestas en Oslo, Vilna, Londres, Dublín y Estocolmo.

«Los países protestan porque se arrebata a los hijos de sus ciudadanos», dijo uno de los organizadores. (Fuente: *Liberties. The League of Human Rights*).

Los servicios sociales rusos no se quedan atrás. En este mismo año 2017, Vera Rodionova expone lo siguiente:

El 27 de febrero, en las audiencias de la Cámara Pública de la Federación Rusa, Oleg Barsukov –miembro del colegio de abogados de San Petersburgo– presentó pruebas de la existencia de un entramado corrupto entre los funcionarios de los órganos de interacción entre departamentos durante la revelación de infracciones para la extracción de menores a sus familias.

Algunos indicios acusan directamente al presidente del Gobierno. Y añade:

Hay que recordar que el 3 de enero de 2017, Vladimir Putin encargó al Ministerio de Trabajo y Protec-

ción Social, a la Cámara Pública de la Federación Rusa y al Defensor del Menor, analizar las prácticas de extracción de menores a sus familias, para comprobar si los métodos utilizados son inadecuados o abusivos, o si la intervención en los asuntos familiares viola la constitución.

En abril de 2017 tuvo lugar en Moscú una conferencia europea donde se expuso el robo de niños legalizado en manos del estado. La cabeza visible del movimiento ruso, Vera Rodionova, denunció públicamente el sistema en su ponencia, exponiendo el drama español en imágenes donde tuvimos la oportunidad de hacer pública una realidad que no debe —ni puede— dejar indiferente a nadie.

En las audiencias de la Cámara Pública de la Federación Rusa sobre el tema, participaron diputados, miembros de la Cámara Pública Federal y Regional, Defensores de Derechos, activistas de movimientos sociales que se ocupan de la defensa de los derechos de los niños, padres y madres, así como la Resistencia de Padres y Madres de Rusia. Se presentaron casos reales de todas las regiones rusas y de algunos países europeos. Abusos y actuaciones ilegales, así como la situación de la Justicia Juvenil en determinados países europeos, como Alemania y España. Finalmente, se presentó un documento con el análisis del problema y las propuestas de cambios legislativos para ser objeto de estudio en el Consejo de la Federación Rusa (Cámara alta del Parlamento).

Españolas residentes en otros países (fundamentalmente en casos de divorcio), pierden la tutela de sus hijos, pese a trasladar el caso a la justicia española, como es el caso de Silvia Banegas.

En México, la española Silvia Banegas perdió la custodia de su hijo en el año 2010 por no ser una «madre tradicional». El juez mexicano indicó que la madre precisaba terapia psicológica para ejercer como madre conforme a las costumbres mexicanas. Todo partió de una demanda de divorcio en la que su exmarido (mexicano) expuso una serie de acusaciones contra Silvia: «Que hacía topless, que es atea y se negó a bautizar a su hijo». La sentencia mexicana, plagada de absurdos y con un evidente tinte machista, le retiró la guarda y custodia (pese a que tanto su exmarido como la familia de este tenían órdenes de alejamiento por acoso). La madre, en busca de amparo judicial, regresó a España. El magistrado del juzgado número 24 de Madrid, Juan Pablo González, decide en 2014 que el menor debe regresar a México con su padre. En cinco minutos (no se le concedió más tiempo a la madre) Silvia se despidió de su hijo, al que no ha vuelto a ver. No puede viajar a México, puesto que sería detenida en el acto por sustracción de menores.

El caso español más «antiguo» y de mayor repercusión pública (en lo que a servicios sociales se refiere) data del año 1987, por lo que habitualmente es relacionado con la trama franquista de robo de bebés, cuando en realidad no es así, puesto que se trata de un robo descarado en manos de los servicios sociales, doce años después de la muerte del dictador.

Su nombre es Clara Alfonsa Reinoso Cervilla, aunque –lamentablemente– es conocida como «la madre de la niña robada en la Clínica Dexeus de Barcelona». Robada, sí, en esa clínica de lujo donde la menor tutelada que entonces era, jamás pudo imaginar lo que se estaba tejiendo a su costa.

Clara Alfonsa tenía catorce años, estaba embarazada, y su destino inmediato dependía del Tribunal Tutelar de Menores, aunque la dejaron completamente sola en tierra de nadie. Indefensa, desconocedora de sus mínimos derechos, que fueron pisoteados a conciencia por personajes ilustres cuya parcela de poder se extendió a sus anchas con absoluta impunidad.

Sucedió en 1987, año de elecciones. Democracia. Franco estaba muerto y enterrado –por tanto– ese robo no puede ser adjudicado al franquismo, puesto que pertenece –institucionalmente hablando– a la DGAIA (Dirección General de Atención a la Infancia y Adolescencia): Servicios Sociales.

Aquel caldo de cultivo ya se cocía de forma interiormente descarada, tomando como rehenes a menores desamparadas con las que se hacía y deshacía sin que a nadie le temblara el pulso.

Clara Alfonsa, procedente de una familia desestructurada, no era más que una niña inocente y muerta de miedo que arrastraba como podía sus traumas familiares, cargando con todos los errores de los adultos que la trajeron al mundo. Un mundo plagado de precariedades, desatención, violencia familiar y abandono.

Supuestamente pasó por el centro Santa Eulalia. Y digo «supuestamente» ya que no existe expediente ni documentación alguna al respecto. Hasta allí la llevaron en coche los del Tribunal Tutelar de Menores, según afirma la asistenta social de Calella, Carmen Tamurejo.

De ese centro la recoge Teresa Cervelló Nadal en su propio coche (magistrada de la Sala Civil y Penal del Tribunal Superior de Justicia de Cataluña, se convirtió en la primera mujer nombrada por el Consejo General del Poder Judicial a propuesta del Parlamento catalán) para trasladar a Clara a la *Casa de la Jove*. Teresa Cervelló era cuñada de Núria de

Gispert Català, abogada de la *Casa de la Jove* y posteriormente Presidenta del Parlamento de Cataluña de 2010 a 2015. Fue la directora de la *Casa de la Jove*, Mercedes Porrera (imputada en el caso) quien confirma este concepto. Cuando Clara Alfonsa ingresa en la *Casa de la Jove*, está embarazada de siete meses y medio. Hasta entonces, no había pasado por ningún tipo de control médico.

El 8 de mayo de 1987, es conducida a la Clínica Dexeus por Cristina Rimbau (profesora en la Universidad de Barcelona). La hora de visita estaba ya concertada de antemano el mismo día en que ingresa en el centro de menores.

En la Dexeus le hacen ecografías y distintos análisis. Ese mismo día le comunican que espera un varón. Posteriormente se producen unas cinco o seis visitas más, siempre a la Clínica Dexeus. El 18 de junio de 1987, sin que Clara Alfonsa tuviera la más mínima molestia o contracción, incluso sin romper aguas, le dicen que «se prepare, ha llegado el momento de dar a luz», e ingresa sin ningún tipo de documentación, puesto que no tenía DNI.

Recuerda que le dieron dos pastillas y a partir de ese momento su memoria se nubla. La durmieron por completo con anestesia total. Al despertar, es informada de que el parto ha ido mal y su bebé ha fallecido, ya que –según dicen– «el niño era muy pequeño».

Permanece ingresada en la clínica hasta el 21 de junio. De allí la recoge Mercedes Porrera para ser conducida de nuevo al centro de menores. «Eres joven, puedes tener más hijos, no pasa nada» –dijo.

En la Casa de la Jove se deshacen de Clara Alfonsa: «Búscate la vida, encuentra un trabajo». Tenía 15 años.

El Tribunal de Menores –cuya máxima autoridad era entonces Margarita Robles Fernández– no se responsabiliza de nada. Margarita Robles Fernández recibe el informe del embarazo de la menor desde la policía de Calella. Solicita la tutela del Tribunal por desamparo, por lo que no se puede entregar a la menor a institución o persona alguna sin ser notificada la intención o el hecho consumado.

Pero Clara Alfonsa, desamparada por el mismísimo Tribunal Tutelar, acude a un amigo que le había ofrecido trabajo en su día, y afortunadamente, este la acoge en su casa. Según un documento del Tribunal Tutelar de Menores, el 10 de julio de 1987 se deshace el desamparo por arte de magia o maniobras arteras más que calculadas desde el primer momento en que se planea el robo de su bebé. Nadie la visita. Nadie la entrevista. Nadie comprueba dónde se encuentra la menor, qué ha sido de ella, dónde vive o dónde duerme.

Argumento oficial: se retira la tutela del Tribunal ya que (según ellos) está a punto de cumplir 17 años. Falso, acababa de cumplir los 15. Esa retirada es firmada por Margarita Robles Fernández.

En resumen: Clara Alfonsa es abandonada a su suerte en plena cuarentena, con una hemorragia considerable, con el dolor de su hijo muerto, sin trabajo, sin casa, y con cuatro escasas pertenencias que coloca como puede –junto con toda su existencia– en el domicilio de un amigo, un verdadero extraño para el Tribunal de Menores. Se la quitan de encima sin más. No hay seguimiento.

Lo que se produce a partir de ese momento, es un abandono descarado por parte de las instituciones. Un desamparo en toda regla sobre otro desamparo inicial que cubren sobre el papel trasteando a una menor embarazada del coro al caño hasta conseguir el objetivo final: Clínica Dexeus, varón muerto. Adiós hijo. Adiós, Clara Alfonsa Reinoso Cervilla. Búscate la vida y que te vaya bonito.

Tras dar a luz, nadie se ocupó de la pequeña Clara Alfonsa. Tuvo que acudir sola, a urgencias del hospital de Calella, para ser atendida por una hemorragia posparto severa. Sin embargo, y pese a semejante cúmulo de desdichas, la vida le concedió a Clara Alfonsa el regalo que tanto merecía: ser feliz. Se casó con su amigo, el benefactor que la acogió a los 15 años sin que el Tribunal de Menores moviera la más mínima pieza al respecto, y juntos formaron una maravillosa familia. Tienen tres hijos. Un 10 de mayo de 2013 –fecha que Clara Alfonsa jamás olvidará–, caminaba por la calle cuando recibió la llamada de un tal Eduard Fernández, de la DGAIA. Habían pasado 26 años. Clara Alfonsa no tuvo un varón, era una niña. Y no estaba muerta. Su hija Marina vivía y la estaba buscando. Su pasado invadió aquel presente. Se cayó redonda al suelo, entrando en estado de *shock*.

Clara Alfonsa y su hija Marina se conocieron el 17 de mayo de 2013.

- Mercedes Porrera dice no saber si era niño o niña y si nació vivo o muerto.
- El bebé fue recogido a las dos horas de nacer. Sus padres adoptivos son Jordi Estivill Pascual y Cristina Rimbau Andreu, la misma que se hizo pasar por asistenta social cuando llevó a Clara por primera vez a la Dexeus.
- Cristina Rimbau Andreu era estéril. Pasó por un tratamiento de fertilidad en la Dexeus que se prolongó durante dos años, sin éxito. Ella y Jordi Estivill Pascual no estaban casados, por lo que entonces no podían acceder a una adopción legal.
- Cristina Rimbau Andreu pacta –en una cafetería– con su amiga Teresa Cervelló, la entrega del bebé de una menor tutelada.
- Tanto los análisis, ecografías, pruebas médicas y facturas, están a nombre de Cristina Rimbau Andreu.

Legalmente, ella era la embarazada. Clara Alfonsa no existía. No era nada. No era nadie.

- El bebé es entregado a Cristina Rimbau Andreu por Teresa de Gispert, hermana de Nuria de Gispert, ex-presidenta del Parlament de Catalunya hasta hace muy poco.
- La doctora López Rodó (familiar directo del antiguo ministro franquista) es quien comunica que «el niño ha muerto».
- En un papel determinado consta lo siguiente: «Madre desconocida. Paradero desconocido».

¿Cómo la prestigiosa Clínica Dexeus admite el ingreso de una menor tutelada sin DNI?

¿Por qué nadie de la Clínica Dexeus se molestó en llamar al Tribunal Tutelar de Menores? ¿Por qué no contactó nadie con asistentas sociales o tutores?

¿Quién firmó el consentimiento de una anestesia total aplicada a una gestante menor tutelada sin documentación alguna?

¿Cómo es posible que no exista informe alguno en el Tribunal Tutelar sobre el embarazo de la menor, visitas médicas o clínica donde dio a luz?

¿Cómo se justifica el parto anónimo de una menor de 14 años tutelada?

Margarita Robles Fernández, ¿sabía usted lo que firmaba?

¿Sabía que consintió el abandono y consecuente desamparo oficial de una menor?

¿Dónde está el abandono del bebé cuando sale de la clínica a las dos horas de nacer y su madre permanece ingresada en esa misma clínica durante tres días?

¿Sabía que la menor estaba embarazada?

¿Sabía que el robo de ese bebé estaba más que planeado por personajes entonces intocables?

Absolutamente todo lo que aquí se expone está documentado. Clara denunció en los Tribunales de Justicia el robo de su hija Marina. Actualmente, el caso se encuentra archivado de forma provisional en espera de presentar más pruebas. En el auto se reconoce haber cometido delitos «muy graves», desde falsificación documental a una adopción ilegal.

Margarita Robles Fernández: usted fue la primera mujer que presidió una sala de lo Contencioso-administrativo. La primera mujer que presidió una Audiencia (concretamente la de Barcelona). La tercera mujer que llegó al Tribunal Supremo. Ha sido Subsecretaria del Ministerio de Justicia, Secretaria de Estado del Ministerio del Interior, Magistrada del Tribunal Supremo, vocal del Consejo General del Poder Judicial en España y ministra de Defensa.

De mujer a mujer: haga justicia. Explíquese. Argumente qué es lo que firmó en 1987. Usted, jueza para la democracia, haga honor a su nombre y al de Clara Alfonsa Reinoso Cervilla. Devuelva el honor arrebatado y repare los errores y delitos cometidos contra su persona, pero –por encima de todo– contemple el clima moral de este asunto.

Clara Alfonsa continúa luchando y está dispuesta a llegar al Tribunal Europeo de Derechos Humanos.

El 23 de abril de 2017 y en la página *laicismo.org*, se habla de la acogida de menores como un negocio que mueve más de dos mil millones al año:

Los fondos proceden en un 70% de la Comunidad Económica Europea. Es dinero público para atender el bienestar del menor que el Estado deja en manos privadas. «Las actuaciones se pueden vigilar a través del Ministerio Fiscal», afirma la abogada Elena Rá-

bade, «pero a este ministerio solo le llegan parcial-
mente los informes de los servicios sociales y le llegan
tarde. Hasta que lo examinan y resuelven, pueden pa-
sar de uno a tres años y encontramos que los menores
a veces han estado en un centro injustificadamente,
con lo que eso supone».

En cuanto a la utilización del dinero, Elena Rábade es
contundente:

La dotación media actual es de 68.000 euros al
año, por cada ingreso nuevo de menor. Hay una de-
nuncia a la Comunidad Económica Europea, para que
averigüe de qué forma se están utilizando sus aporta-
ciones, porque existen quejas de mala atención o ali-
mentación en algunos centros. Se está investigando a
través de la Oficina Antifraude de la Unión Europea.
Mientras tanto, la acogida sigue en manos de fun-
daciones, detrás de las que se pueden encontrar em-
presas de limpieza o construcción y, claro está, forma-
ciones religiosas.

El Tribunal Europeo de Derechos Humanos (Tribunal de
Estrasburgo) es la máxima autoridad judicial europea. No todas las familias afectadas pueden permitirse llegar hasta ahí,
puesto que los honorarios de los abogados son muy altos. En
general, la indefensión es absoluta, y en medio de todo el
proceso se crea una auténtica locura burocrática contra la
que luchar día tras día, mientras va pasando el tiempo y los
niños continúan ingresados en centros de menores.

Tras entrevistarse con ella durante cuatro horas, el equipo
psicosocial de Oviedo, formado por una psicóloga y una trabajadora social, decidió que Vanessa de la Riva no era buena

madre e instaba al juez a que le retirase la custodia de su hija de siete años. Esta había vivido con ella desde que nació, la había criado llevándola diariamente a primera hora de la mañana al bar que regenta en Oviedo para desayunar y donde regresaba la pequeña tras salir del colegio, hasta que a las cinco cerraba el local.

En primavera Vanessa sospechó que su marido pegaba a la niña y lo denunció, lo que la llevó a los juzgados. Desde entonces la pequeña vive en Italia con su padre, ha abandonado su colegio y su vida en Oviedo. El equipo psicosocial consideró que eso le daba a la pequeña «más estabilidad emocional», a pesar de que su padre solo tiene trabajo para un año en Italia. Vanessa asegura no entender un sistema que «ahora que acudo a la justicia para defender a mi hija, me la quita». Su caso saltó a los medios y logró un amplio apoyo social. Pero no es el único.

A Rafael (que por motivos profesionales prefiere no dar su apellido), un informe psicosocial del juzgado de Sevilla lo calificó, tras entrevistarse con él durante una hora, como «alcohólico» y le negó la custodia compartida de sus dos hijos. «De nada me sirvieron los informes de los médicos de la Seguridad Social, ni las analíticas que voluntariamente me hice y que no encontraron ni rastro de alcohol en mi sangre». Desde que se hizo el informe, «solo veo a mis hijas unas horas a la semana».

José Manuel García Sobrado es abogado de Orense. Su nieta de seis años, Claudia, tuvo que trasladarse a vivir a Oviedo después de que el equipo psicosocial de la capital asturiana le retirara la custodia a la madre con la que residía desde que nació en Galicia. «Aún no la hemos recuperado», lamenta, «y no creo que lo podamos hacer». Este letrado ha presentado varios recursos en el Juzgado de Familia de Oviedo, en el Tribunal Supremo y una queja ante la Defensora del

Pueblo. De nada han servido. En ellos sostiene que el informe que le hicieron a la menor es «falso».

A mi nieta la obligaron a hacer dibujos de su familia, lo reconoció la propia psicóloga. Y su familia aún no hemos podido verlos. En base a ellos, y a otras cuestiones que no sabemos, nos la han quitado. Tampoco nos dejan ver la grabación de aquel encuentro. Solo nos dicen que es mejor que esté con su padre.

Tras una sentencia judicial por malos tratos de su expareja y padre de su hija, un informe psicosocial de un juzgado de Toledo decidió que el hombre tenía derecho a ver a la pequeña dos días a la semana, así que Susana Guerrero, que se había marchado a vivir a Canarias para poner tierra de por medio, se vio obligada a dejar a su hija en la península con sus padres para cumplir el régimen de visitas. Tiene denunciada a su expareja por abusos a la menor y su caso está aún en los juzgados.

Los informes mienten y además no hay más que verlos. Hemos comprobado el mío con el de alguna otra madre y es un corta y pega, todas presentamos «tendencia a la manipulación y el egocentrismo», texto calcado, venga del juzgado que venga.

En ese sentido Félix Pantoja, vocal del Consejo General del Poder Judicial encargado de los temas de familia y menores, llegó a reconocer en el congreso de la Sociedad Española de Psiquiatría y Psicoterapia del Niño y del Adolescente el hartazgo de muchos jueces por recibir informes falsos hechos con multicopista. «Informes elaborados hechos con una plantilla usando el cortar y pegar que facilita el ordenador».

Poderosos equipos, dudosa competencia

Estos son solo algunos de los casos que han saltado a los medios, pero hay muchos más, y desde hace unos meses se han agrupado bajo unas mismas diligencias en las que se denuncia que muchos de esos informes son «falsos, manipulados y tergiversados». La Fiscalía General del Estado ha abierto una investigación.

Son casos que han puesto en duda la tarea de estos equipos que trabajan en los juzgados y que no solo cuestionan padres afectados, sino también jueces y abogados.

Su estatus laboral es el de personal contratado al servicio de la Administración de Justicia autonómica, no son funcionarios de carrera, ni tienen plaza alguna en propiedad. Dependen de distintos órganos en función de la Comunidad. Las hay en las que un servicio tan delicado y sensible como este ha caído en manos privadas. Ha ocurrido en Castilla y León, La Rioja o en Madrid. El problema, dicen desde esta asociación de afectados, es que en muchas de estas entidades trabaja personal poco cualificado, a veces incluso en prácticas, mal remunerados y poco profesionales, a quienes la Administración les otorga, a golpe de talonario, la potestad para decidir quién es un buen o mal padre para estar con sus hijos.

Además su existencia no está amparada por ninguna disposición con rango de ley y constituyen una «irregularidad», según algunos abogados, en el conjunto de los llamados peritos judiciales.

Los jueces los avalan

La pregunta es ¿por qué tienen entonces tanto poder de decisión? Su figura se creó a mediados de los años ochenta precisamente para evitar que los menores acabaran ante el juez ante casos de separaciones y divorcios, con la carga que eso podría suponer para ellos y también para ayudar a los jueces en su tarea de decidir en cuestiones de custodia cuando no se trataba de un juzgado de familia.

Pero con el aumento de los procesos de separaciones los jueces delegaron en exceso. Lo reconoce el juez de familia de Gijón Ángel Luis Campo: «Podría decirse que más de un 95 % de los jueces deciden en función de lo que diga el informe de los equipos psicosociales». Y es que, aunque ese informe no es vinculante, asegura que la ley les obliga a que, en caso de decidir de manera contraria a él, deben argumentar los motivos.

Este juez de familia, conocido por ser uno de los mayores defensores de la custodia compartida, asegura que él recurre en pocas ocasiones a los informes de estos equipos. «No porque no confíe en ellos, sino porque deben ser una excepción en casos de urgencia o por la gravedad», y porque además es de los que sostienen que están desbordados por el volumen de trabajo. Hay un solo equipo para 22 juzgados en Gijón, «así que obviamente la dedicación es poca». Y va más allá. Asegura que si realmente lo que debe primar es el interés del menor, como dice la ley.

Habría que hacer más juzgados de familia y más personal y mejor cualificado. No se trata de decidir qué hacer con un terreno o con una empresa. Estamos hablando de personas y además tan vulnerables como un niño.

Colectivos e ideologías

Otra de las críticas que les han llegado a los equipos psicosociales es que muchos no solo están en manos privadas, sino que detrás de ellos hay colectivos como el de víctimas de violencia de género. «Son personas con ideología y esta pesa en sus decisiones», reconoce Ángel Luis Campo. Begoña Cuenca Alcaine es abogada de Familia de Zaragoza. Ha escrito varios artículos sobre los equipos psicosociales de los juzgados. «¿No creen que si detrás de uno de estos equipos hay un colectivo de mujeres maltratadas sus decisiones serán siempre intencionadas?», pregunta.

En sus más de veinte años de profesión, esta letrada asegura que ha visto de todo y sostiene que los informes psicológicos «deben hacerse en condiciones y no es así». Las sesiones y entrevistas no están sujetas nunca a ningún tipo de registro, no hay grabaciones. A los letrados, por ejemplo «no se nos permite estar, así que sabemos de lo que preguntan o les dicen a nuestros clientes por lo que estos relatan». Hay que señalar que los restantes peritos judiciales, como los forenses, sí que están obligados por la Ley Procesal Civil a poner a disposición del Tribunal las pruebas sobre las que se ha fundamentado su criterio técnico.

Nos comentan que a veces incluso hacen como en las comisarías, uno de poli bueno y otro de poli malo. Y algunas de esas entrevistas apenas duran una hora. ¿Cómo saber si uno es buen padre o está bien de la cabeza en ese tiempo? –se pregunta Cuenca Alcaine.

A mí me han llegado informes que retiran la custodia a un progenitor sin haber siquiera escuchado al niño.

Tanto abogados de familia como jueces reconocen que no hay una metodología concreta a la hora de realizar estos informes. El uso de unas u otras técnicas depende del saber o entender del psicólogo que las practique. De ahí que colectivos de afectados por sus decisiones señalen que esos informes no tienen una base científica y que están lastrados por determinados sesgos ideológicos o sexistas. Rocío Solis es abogada de familia también con amplia experiencia en Asturias.

Hace años había una psicóloga del equipo psicosocial de Oviedo que sabíamos que, cuando una madre pedía un cambio en el régimen de custodia o visitas, siempre, siempre salía perjudicada.

Fue una de las pocas letradas en la región que plantó cara a estos equipos y denunció a una de sus psicólogas. De aquella denuncia no ha vuelto a saber nada.

Inútil recurrir

El abogado de familia Luis Zarraluqui Sánchez-Eznarriaga reconoce que la posibilidad de recusar a estos peritos es muy difícil o casi imposible. Eso supone, dice:

Una absoluta falta de garantías para el usuario de estos servicios, ya que el sujeto evaluado no tiene forma humana de acreditar sus afirmaciones puesto que no se extiende ningún tipo de acta del resultado de las entrevistas, ni tampoco copia de los test realizados, por lo que no hay forma de protegerse frente a cualquier error u opinión sesgada que pudiera existir en el proceso evaluador.

En la práctica no existe ningún procedimiento para poder reclamar contra ellos, porque ninguna ley los rige. Un recurso sería, como han hecho algunos de los casos que se relatan en este artículo, presentar una queja ante los colegios de psicólogos, que nunca surten efecto. El presidente del de Asturias fue durante años miembro del equipo psicosocial de Oviedo y aún trabaja para el juzgado.

El colectivo de padres perjudicados por sus decisiones, como Rafael, aseguran que, además de no poder recusarles, «siempre van a estar detrás de ti». Las leyes procesales establecen que, cuando un perito externo ha realizado un dictamen sobre una determinada materia, la parte perjudicada por su opinión puede recusarlo ante el juzgado, es decir, oponerse a que vuelva a informar sobre el mismo asunto. Esto no ocurre con los equipos psicosociales.

Si hoy han hecho un informe negativo para ti, cuando vuelvas al juzgado serán ellos mismos los que te evalúen de nuevo y ¿qué crees que van a hacer, cambiar su criterio? Estamos perdidos con ellos.

Las expectativas de los denunciantes se han visto alentadas porque, dentro del tímido proceso de saneamiento de las instituciones públicas que está viviendo nuestra sociedad, recientemente en Murcia ha sido expedientada y sancionada con cuatro meses de suspensión una psicóloga judicial, tras elaborar un informe en un caso en el que una de las partes del proceso había sido atendida en su consulta privada.

Sin embargo no esperan que la investigación de la Fiscalía General del Estado sirva de mucho y seguramente «no reparará el daño hecho a miles de niños en todo el país», sostienen. Pero confían en que sea, al menos, una llamada de atención para que no siga sucediendo. «Estamos ante un caso de funcionamiento anormal de la Administración», dicen desde ANASAP, que obligaría, de salir adelante las denuncias, a indemnizaciones por parte del Estado.

SIMICAT

Son cinco minutos
la vida es eterna en cinco minutos
Te recuerdo, Amanda
Víctor Jara

SIMICAT (STOP Impunidad Maltrato Infantil) es una organización creada por Judith Martínez Velasco en 2016. El objetivo de SIMICAT es contribuir a cambiar las relaciones de las instituciones con el ciudadano para que estas puedan responder a la exigencia legal de proteger a los menores y, a la vez, sean respetuosas con los derechos fundamentales de l@s niñ@s y de quien ostenta sus intereses legítimos. Persigue el cumplimiento público de los derechos humanos de los niños y de las mujeres en un contexto, como el actual, de inacción gubernamental contra la desidia y el abuso de derecho de las administraciones públicas.

Asimismo, SIMICAT se ocupa de la defensa de los menores en situaciones de riesgo por maltrato y abuso por causa de sus progenitores, familiares, terceros, o por parte de la administración o del Estado.

Ofrece un servicio de asesoramiento integral, ya sea legal, psicológico o de cariz social, y se ocupa –también– de la representación de los menores y sus derechos ante instituciones y administraciones nacionales e internacionales.

Judith Martínez Velasco es una tía coraje, puesto que luchó –y lucha– por la hija de su hermana Natalia. Su historia, que no ha terminado, parece sacada de una película de ficción donde los trucos judiciales, el juego de los plazos, las influencias, el dinero, el odio, la corrupción y un afán enfermizo de venganza por parte del exmarido de su hermana, alcanzan tales cumbres maquiavélicas que superan la imaginación de cualquier mente humana.

A esa venganza se unen profesionales del derecho, jueces, secretarios, miembros de la DGAIA (Dirección General de Atención a la Infancia y Adolescencia) y demás personajes cuya parcela de poder permite ejecutar los disparates más dantescos, todos pegados al sistema, que concede añadir una pieza tras otra, asistidas por esa banda institucionalmente organizada que casi todo lo puede.

No obstante, en el caso de la pequeña Thalía, nadie contó con el arrojo de su tía Judith, que se enfrentó al sistema con todas sus consecuencias, llegando incluso a ser detenida. Una verdadera rebelde con causa que ha conseguido ganar muchas partidas, y que –sin duda– alcanzará la victoria final.

Mi hermana se divorció en 2005 con una niña de meses. En primera y segunda instancia ganó la guardia y custodia. A los quince días hacen un desamparo contra ella y su exmarido, aunque el desamparo de él es falso, ya que en realidad le dan la guarda del menor, cosa absolutamente ilegal. La Administración pública de Tarragona, DGAIA, dicta una resolución de desamparo contra ambos basada en las mismas idioteces que su exmarido decía, tanto en instancia como en apelación, que no le sirvieron para quitar la guarda y custodia a mi hermana. Pero DGAIA lo admite, teniendo que declarar ese desamparo contra ambos, puesto que de lo contrario, no puede existir. A él le conceden todos los derechos, incluso la guardia y custodia provisional, hecho completamente ilegal, puesto que sin patria potestad no se puede tener guardia y custodia.

Sin embargo, el desamparo se crea, puesto que si no era posible conseguirlo vía jurídica, se consigue por vía administrativa. Tan claro como eso.

Se realiza de forma ilegal y sin ninguna transparencia. ¿Por qué?... muy sencillo, la abogada de él es Alicia Pedrell, abogada a su vez de los servicios sociales en el Ayuntamiento del Vendrell en asuntos sociales de menores.

Desde ahí se bloquean todos los informes y toda la purria que se fue pasando a Fiscalía de Xavier Xou i Miravent, fiscal metido en el ajo de toda la fiscalía de Tarragona, como el EAIA (Equipo de Atención a la Infancia y Adolescencia), que es el brazo ejecutor de la DGAIA (Dirección General de Atención a la Infancia y Adolescencia).

Todo este entramado se crea en un año. El exmarido tiene en su haber los informes, cuando no había siquiera guarda y custodia, y a mi hermana se le niegan todos sus derechos sin que se le trasladara informe alguno. Ni siquiera sabía que existía un expediente abierto contra ella. Nadie la llamó, todo se hizo a sus espaldas, cuando era ella quien tenía la guarda y custodia. Mientras tanto, al exmarido se le entregaba todo, ya que su abogada trabaja allí, y se aportaban todos los informes a distintos lugares. Resumiendo: una mafia organizada y perfectamente orquestada un año antes. Cero transparencia.

En primer lugar, cuando se realiza un desamparo, este debe ser preventivo. Dicha prevención implica que se dispone de un tiempo determinado para reali-

zar las correspondientes alegaciones sin que puedan quitarte a tu hijo.

A mi hermana le hacen un desamparo oculto. Van a buscar a la niña al colegio y se la dan al padre. Una criatura de cuatro años. Y lo hacen para que mi hermana no supiera nunca que hubo desamparo hasta que se queda sin hija.

Incumplen la ley sin informar a mi hermana de nada, ni siquiera del desamparo preventivo. No le dan capacidad de responder a todo lo que están diciendo sobre ella. ¿Por qué...? Pues no lo hacen porque mi hermana no es pobre, es médico, y saben que puede tener suficientes armas jurídicas y morales para hacer frente a todo.

El objetivo nunca fue otro que entregar la niña al padre, y para eso pagó él un dineral. Todo se hizo por la espalda.

¿Por qué la Audiencia Provincial de Tarragona está metida hasta las trancas...? Pues porque cuando se hace la sentencia de apelación y se le vuelve a dar la guardia y custodia a mi hermana, el señor magistrado Antonio Carril Pan de la sección primera de la Audiencia Provincial de Tarragona (octogenario, miembro del Opus Dei, y expresidente de la Audiencia) es quien se ocupa de todos los casos de familia, de lo civil y de todo lo que quiere. Y es Carril Pan quien manda un fax (él o su secretario judicial, que me da lo mismo) a la DGAIA con la sentencia. Eso significa que se produce una llamada por detrás en la que más o menos se dijo: «Mira, yo no he podido darle a este señor la guardia y custodia, actuad vosotros».

DGAIA no era parte del procedimiento, nadie tenía que pasarle esa sentencia. Nadie. Para que se entien-

da, es como si a ti, por la cara, te pasan la sentencia de mi hermana a través de la Audiencia Provincial y no a través de un tercero.

Cuando descubrimos semejante ilegalidad pongo una querella, y mi hermana otra a Carril Pan por prevaricación.

La respuesta del Tribunal de Justicia de Cataluña es que Carril Pan no manda ese fax, sino un secretario judicial. ¿Y eso a mí qué me importa? ¿Por qué no se imputa entonces al secretario judicial? ¿Qué tipo de explicación es esa?

Muy sencillo: que al no poder dar la guardia y custodia al exmarido por la vía judicial puesto que no tenía cuerpo, se lo da a las técnicas de la administración pública, que no saben hacer la O con un canuto y les importa «cero coma» hacer una resolución contraria a la ley, puesto que saben de sobra que Carril Pan, el octogenario, está de su lado ya que les ha pasado la sentencia por fax. Por tanto, las técnicas están cubiertas en todos los organismos judiciales para hacer lo que les plazca. Eso es exactamente lo que pasó.

Cabe destacar la trayectoria de Antonio Carril Pan, que en 2009 recibió el Premio Justicia de Cataluña «por su implicación e impulso en la mejora de la Administración de Justicia». Carril Pan ha estado vinculado a Tarragona desde los inicios de su carrera. Fue juez decano y más tarde presidente de la Audiencia Provincial. Un personaje intocable y sembrado de condecoraciones que continúa ejerciendo pese a su avanzada edad.

«Nadie, hasta entonces, se había enfrentado a Carril Pan», prosigue Judith.

Mi hermana pasó seis meses sin poder ver a su hija. Eso lo hacen para desconectar al menor de su madre. Cuando por fin el exmarido trae a la niña y mi hermana le dice «volverás conmigo, volverás con mamá», esas desgraciadas de la DGAIA sueltan que «eso es mentira y tú sabes que es mentira».

Y claro que pensaban que era mentira, puesto que nadie había plantado cara a la Administración Pública, a Menores y a Carril Pan.

Mi hermana pudo tener visitas con su hija durante nueve meses, hasta que se las retiran. Pasó cuatro años sin ver a la niña. Cuatro años. De los cinco a los nueve. La criatura vivía con su padre, que tenía todos los derechos. Como si su madre no existiera, mientras que en todo este proceso, él estaba imputado por la vía penal por un delito de malos tratos, juicio que nunca se celebró. El juez le abrió un procedimiento abreviado, que en los casos de malos tratos son juicios rápidos.

Nunca hubo juicio en seis años, hasta que el juez alegó prescripción, argumentando que el delito se cometió por ambas partes. ¡Pero si el imputado era él...! Tuvimos que recurrir el auto, no solo por la prescripción en sí, sino porque la juez penal de Tarragona mentía diciendo que mi hermana tenía el mismo delito de maltrato, mintiendo descaradamente sobre lo expuesto en el auto de la apertura del juicio oral.

Hemos visto tantas barbaridades y tanta desvergüenza en Tarragona, que eso solo puede estar conducido por desquiciados que están dentro de la Audiencia Provincial, entidad que maneja todos los hilos, entre ellos este señor, que pasa una sentencia dictaminada por él mismo.

El Tribunal Superior de Justicia no puede lavarse las manos y decir que aquí no ha pasado nada.

¿Por qué sale ese dichoso fax a una entidad que no era parte del procedimiento?

¿Por qué a los quince días, esa entidad entra en desamparo en contra de una sentencia judicial hecha en dos semanas?

¿Cómo es posible que Carril Pan continúe ejerciendo después de los 73 años?

Me dijeron que no lo sabían. Carril Pan maneja Tarragona entera. Controla todos los movimientos de familia de la sección 1 de la Audiencia Provincial de Tarragona. No hay reparto.

Todo lo que sucede en Tarragona es ilegal, pero claro, está con la concupiscencia de la fiscalía, el fiscal de Tarragona, la Audiencia Provincial y los jueces que ponen instancias, que son marionetas de la Audiencia Provincial de Tarragona. Ahí se maneja mucho dinero.

En cuatro años, mi hermana no sabe nada de su hija. Ni siquiera una llamada telefónica. Nada. Sin poder ver una fotografía siquiera. Una vez, mi hermana se acercó al colegio y su exmarido hizo que llamaran a la policía. No existía orden de alejamiento, por lo que la policía no pintaba nada. Encima, los del colegio metiendo a la niña dentro como si su madre fuera un monstruo. Luego nos hemos visto las caras con ellas y les hemos dicho: «¿Esta señora es un monstruo?» Y ahora responden: «Oh, no, de hecho la niña está mucho mejor desde que puede ver a su madre».

Ahora existe muy buena relación con la directora del colegio, que se ha dado cuenta de que todo era una mentira, aunque también es cierto que carece de argumentos para ir contra mi hermana, puesto que desde que puede ver a la niña, el cambio ha sido inmenso.

Iba mal en los estudios, estaba cohibida, sometida, débil... era todo un personaje. Mi hermana, tras cuatro años sin verla, llegó incluso a pensar que tenía un retraso mental de lo mal que estaba. Con nueve años tuvo que enseñarla a jugar para que adquiriera conductas sociales. Los psicólogos decían que la niña paró su evolución al perder a su madre. Tenía nueve años y mentalidad de cuatro.

Si no llegamos a poder rescatar a la niña, mi sobrina llega a los 30 con mentalidad de 4.

Yo me puse a estudiar derecho desde el momento en que me doy cuenta de que todo es una inmensa falacia. Los abogados, unos estafadores.

Investigué todos los autos. Había un montón de procedimientos penales contra mi hermana y contra mí. Unifiqué todos los procedimientos y saqué toda la documentación que se había pasado entre los servicios sociales, EAIA (Equipos de Atención a la Infancia y Adolescencia), y Fiscalía.

Todo estaba como oculto. Hice fotocopias, uní un procedimiento con otro, me percaté entonces de todas las maniobras... y me di cuenta de que podía presentar una querella contra la DGAIA.

Mi hermana no veía entonces a su hija y no existía esperanza legal alguna de que eso pudiera cambiar. Ella acudía a los procesos de resolución y la propia justicia le bloqueaba todo.

Provocaban la caducidad de las acciones jugando con los tres meses de plazo, y en lugar de pasarlo al juzgado competente o a cualquier otro juzgado, utilizaban artimañas que paralizaban la acción.

Dejaron a mi hermana en un limbo jurídico con la intención de que nunca más pudiera ver a su hija.

La causa del desamparo se basaba en un retraso del habla de la menor por motivos emocionales. Quien realiza ese dictamen es el CDIAP (Centro de Desarrollo Infantil y Atención Precoz), organismo que depende de los servicios sociales del Ayuntamiento del Vendrell, es decir, una lacaya de la Sra. Alicia Padrós Sánchez, y eso se hace a medida de lo que el exmarido precisa para poder arrebatar a la niña.

Sin embargo, la menor, tras dos años viviendo únicamente con su padre, no mejora su lenguaje, por lo que se concluye que se trata de un retraso genético que parte del progenitor. Pero no pasó nada. El informe fue dando vueltas y no sirvió para devolverle a su hija. Su padre no pronuncia la «R» con más de 40 años, por tanto la niña tampoco. ¿Cómo no iba a tener problemas con el lenguaje si su padre los tiene?

Ese informe ni siquiera nos lo trasladaron a nosotras, apareció más tarde entre todos los papeles. Puesto que yo estaba estudiando derecho, me percato de que al privar a mi hermana de la patria potestad y estar al mismo tiempo sujeta a un procedimiento penal en contra, ambas cosas unidas consiguen que se le retire definitivamente la patria potestad y que la niña pueda ser adoptada por un tercero, es decir, se puede iniciar un procedimiento de adopción.

Todo ello sujeto a un retraso del habla. Mi hermana hablaba a la niña en catalán, mi madre en inglés, yo misma le hablaba también en catalán, y la llevamos a un colegio francés de Tarragona.

Cuando un niño habla varios idiomas al mismo tiempo, debe colocar cada lengua en su lugar. Queríamos que la niña fuera multilingüe, y eso, unido a un retraso del habla por parte del progenitor desde la infancia, provoca ese retraso en el lenguaje oral de su hija. Esa fue la forma en que el CDIAP asienta su tesis al respecto para poder decirle a su lacaya de los servicios sociales que todo lo controla: «te envío este caso», pero nunca hace llegar informes a mi hermana, todo lo orquesta el exmarido.

¿Cómo es posible algo semejante sin informar a la madre, que entonces tenía la guarda y custodia? Ese señor lo hace todo por detrás y nadie dice nada, era como si solo él tuviera todos los derechos. Finalmente, la del CDIAP se desdice. Una mujer sin ningún tipo de principios que para mí es una delincuente.

Al poner nosotras la querella criminal contra la DGAIA y ser admitida por la jueza de Tarragona para poder imputarnos un delito, yo recopilo la información, absolutamente todo el proceso documental oculto, donde queda muy claro lo que ha hecho la Audiencia Provincial, lo que ha hecho el CDIAP, cómo el padre ha manejado al CDIAP, todo eso consigo unirlo y es entregado a la jueza. Resultado: «Estas dos mujeres (mi hermana y yo) están mal de la cabeza y deben pasar por un forense», cuando los forenses son ellos mismos, la Generalitat de Catalunya a los que yo estoy denunciando por informes falsos. Solo el querellado puede solicitar un informe de salud mental, nunca el querellante. A las dos personas del SATAF (Servicio de Asesoramiento Técnico de Familia) prácticamente se les estaba diciendo que se quitaran la querella de encima. En esa solicitud era más que evi-

dente la prevaricación, y el juez no era capaz de decir «¿pero qué me están contando...?»

En resumidas cuentas, de esa querella no sacamos nada, excepto amenazas a los abogados, que abandonan el caso. Ponemos otro abogado que también se va. Era una querella muy complicada.

Una de las querelladas en aquel momento era parlamentaria en el Parlament de Catalunya. Había sido nada menos que la Directora General de DGAIA. Se pidieron cautelares que la jueza desestimó, pero la Audiencia Provincial sí le da las cautelares a mi hermana al poder probar que no se le notificaron las visitas a la niña (decían que ella no acudía a las mismas).

Ese fue el argumento para la retirada de visitas: que mi hermana no acudía. Falso. Pudimos probarlo gracias a pruebas consistentes. Cierto que yo me estaba moviendo muchísimo a todos los niveles. Desde el Consejo General del Poder Judicial hasta la Fiscalía General del Estado, y el tema estaba rodando.

Mi hermana empieza a poder ver a su hija bajo la tutela de la DGAIA, diciendo que si pasaba algo, las visitas serían retiradas de inmediato, como si fuera poco menos que una violadora o una maltratadora.

Mientras tanto, existe un procedimiento civil paralelo puesto por su exmarido (cosa que a mi hermana jamás le permiten interponer) para hacer una modificación de medidas en El Vendrell. «Le dejan» hacerlo. ¿Por qué digo «le dejan»? Porque es ilegal.

Él no tenía la patria potestad de la niña, por tanto, no podía interponer nada. Con todo, el procedimiento en contra de su exmujer se admite (aunque tampoco ella tiene la patria potestad) y un juzgado incompeten-

te como el del Vendrell, admite un procedimiento sin patrias potestades con la DGAIA de por medio.

Son unos sinvergüenzas, les da todo igual, funcionan con una impunidad absoluta. Nosotras pusimos una declinatoria de incompetencia, pero les daba lo mismo.

Para mí, el poder judicial representado en Tarragona es la degeneración absoluta del poder judicial. Eso es El Vendrell de Tarragona.

No les importa ser incompetentes, no les importan los procedimientos, no les importa hacer embargos sin que dichos procedimientos sean trasladados, son la purria del sistema judicial. Son de vergüenza pública.

Personalmente, creo que a todo juez que haya pasado por El Vendrell deberían hacerle una profunda investigación psicológica. Así lo pienso y así lo siento. Un Estado no se puede permitir tener ese ganado.

Y por supuesto, al exmarido le hacen una modificación de medidas y le dan la guardia y custodia, el dinero, la casa, pensión de alimentos … todo.

Cuando nosotras presentamos la apelación, la coge el octogenario Carril Pan y dice que la sentencia es correcta. ¿Pero cómo puede ser correcta si el juzgado era incompetente, si el exmarido no tenía la patria potestad ni se le da en esa sentencia, cómo le dan la guarda y custodia de la menor, cómo le imponen a mi hermana derechos y obligaciones derivados de dicha sentencia?

Queremos llevarlo al Supremo, y este señor invalida la posibilidad, cosa que no puede hacer desde la Audiencia Provincial. Pusimos procurador y dinero para el Supremo, por tanto, la inadmisión no procedía.

Se nos paralizó y se quedó con el dinero de los recursos, para más «inri». ¿Cómo puede pertenecer al poder judicial semejante individuo? Sé que ha hecho tanto daño…

Mi hermana consigue visitas tuteladas de una hora cada dos fines de semana. ¿Por qué no se las quitan…? Pues simplemente porque aquella querella nos dio aquella apelación en las que debían ser restituidas las visitas con el menor, y eso hace que en civil no se pueda evitar que mi hermana tenga esas visitas, de lo contrario, jamás se las hubieran concedido, puesto que su estrategia pasaba por anular definitivamente toda relación entre madre e hija.

Al tener el problema de la Audiencia Provincial en el penal, una cosa se unió a otra y tuvieron que empezar las visitas. Mi hermana acudió al punto de encuentro de Vilanova i la Geltrú, que no dependen de DGAIA sino de Bienestar Social, entidad que nunca mintió. Hicieron informes favorables diciendo que no existía ni riesgo ni desamparo alguno entre madre e hija. Concedieron más horas y más visitas hasta que le dijeron al juez que debía dar fines de semana y vacaciones. Pero no le dan la mitad de las vacaciones ni fines de semana alternos porque son unos corruptos y todo el procedimiento es llevado por corruptos, sin encontrar forma humana posible de salir de esa corrupción, puesto que están metidos hasta las trancas. Esto es lo que hay en Tarragona. Esto es lo que hay en Catalunya.

Mi hermana trabaja en un centro de salud para la Generalitat de Catalunya. Como ya he dicho antes, es médico. Concretamente, pediatra.

Y estuvo desamparada por la Generalitat, que le ha impedido ver a su hija durante cuatro años, cuando profesionalmente hablando tiene un cupo de dos mil menores a su cargo. En ningún momento se puso en conocimiento de los padres que esos niños estaban en riesgo porque la doctora estaba alejada de su hija por un desamparo.

El organismo es el mismo: Generalitat de Catalunya. ¿Qué organismo estaba loco, la Generalitat de Sanidad o la de Bienestar Social? Porque uno de los dos, lo estaba.

Mi madre y yo fuimos detenidas en 2009, una vez se produce el desamparo. Pretendían crear muchas imputaciones penales contra nosotras, cosa que hizo el exmarido de mi hermana, y metiéndonos en la cárcel se nos quitaban de encima.

Las imputaciones penales eran como una máquina de churros. Un día acudo al Juzgado del Vendrell con mi madre, y nos detienen porque una secretaria judicial empieza a gritar: «¡Son ellas, son ellas!». Llaman a la policía y nos detienen sin saber por qué. «No te podemos decir el motivo de la detención». Mi madre se negó a ser detenida, entre tres policías la tiraron al suelo, y le desviaron la clavícula. Nos llevaron al calabozo. Estuvimos en pasillos distintos para que no pudiésemos hablar.

Nadie nos informó de los cargos que se nos imputaban. Al día siguiente, ya ante el juez, pregunté por el motivo de la detención, y la respuesta fue que no se nos podía notificar un procedimiento. ¿Pero si estaba en el juzgado, cómo no se podía notificar...? ¡Si nos detuvieron en el juzgado...! ¿A qué jugaban...?

Me encontré esposada con las dos abogadas del ex de mi hermana colocadas a la derecha, enfrente una secretaria, el juez, un abogado de oficio y un fiscal. Todo eso lo hicieron para atemorizarnos y decir, hasta aquí habéis llegado. Pues no. Yo voy a seguir moviéndome, y usted va a dejar de ser juez. Eso se lo dije en la cara.

Decían que existían unas grabaciones en las que yo amenazaba por teléfono. ¿Por eso se detiene a una persona? En primer lugar, tales amenazas no existían, y en segundo lugar, no podían saber si era esa o no mi voz.

«Usted, señor juez, está loco» –dije–. «Ponga ese CD que a lo mejor son "Los Manolos" cantando, oiga. A usted le han metido un embolado que le va a costar el puesto. A mí no me detiene cualquiera y me mete en el calabozo, sin saber los cargos, y menos estando en el Juzgado cuando me han detenido».

A mi madre la detienen porque la confunden con mi hermana, ya que su aspecto es muy juvenil. Por eso después pretenden imputarle un delito de agresión a la policía. Fue detenida por error. Mi hermana tuvo que estar escondida dos semanas, ya que pesaba sobre ella una orden de busca y captura para poder fundamentar el desamparo.

Al juez no le quedó más remedio que citarla a declarar. La pretendida detención de mi hermana era exclusivamente para eso: fundamentar el desamparo.

Ese día, el juez decano del Vendrell dejó de estar allí. Se fue a Valencia, creo. La misma policía pensó que todo era una prevaricación, y yo creo que ese juez no quiso seguir allí.

Actualmente, mi hermana puede ver a su hija fines de semana alternos. Se ha puesto una modificación de medidas, donde se explica una vez más que todo esto se hace para privar a una niña de su madre y pedimos que las visitas con el padre sean tuteladas, puesto que él ha maltratado a su hija durante todos estos años y la mujer con la que está, también.

La niña tiene una gran escoliosis en la espalda. Desde que está con su padre (2013) nunca ha sido llevada al pediatra, pese a que él es también médico.

Mi hermana detectó una escoliosis muy grave y le han puesto unas plantillas. Si mi hermana no llega a detectarlo, la niña, en un plazo de seis meses habría tenido que llevar faja. Por otro lado, psicológicamente, mi sobrina ha estado abandonada. Nadie la ha ayudado en los estudios, iba muy retrasada, cuenta que es obligada a limpiar lo que su hermanastra ensucia y que teme a su padre. Se siente sola. Quiere vivir con su madre.

Esto no ha terminado. Es una guerra en la que de alguna forma debes pensar como ellos para poder ganar. A veces resulta muy complicado no pasar al lado oscuro. Después de luchar muchísimo, estudiar derecho, investigar, presentar querellas y más querellas, a pesar del daño que todo esto me hizo como persona, creí que me había convertido en piedra y que era como ellos: fría, desconsiderada. Un monstruo. Algo que nunca he sido.

Tuve la suerte de conocer a Isabel Hervás, que vio en mí una persona con mucho potencial. Ella me ha ayudado a reconectar con el ser que yo era, y en ella veo alguien tan generoso y natural, que pude recuperar mi inocencia, rascar toda esa capa que yo misma había creado, algo horrible. Isabel me ha salvado del odio. Ella me ha enseñado a no odiar. Yo vivía completamente inmersa en el odio."

La existencia de Judith dio un giro radical. Es una mujer armada de razones, sin miedo alguno e incapaz de tirar la toalla. Ni siquiera se recuerda anteriormente como persona y se confiesa incapaz de mantener conversaciones o relaciones simples. Detesta la superficialidad y está muy lejos de cualquier concepto frívolo. Dejó su trabajo durante algún tiempo para poder dedicarse exclusivamente a luchar por su sobrina, como hacen cientos de madres. El tiempo se convierte en un arma de doble filo, cada minuto cuenta. Cada día supone una oportunidad nueva para poder hacer algo. Ese mismo discurso se repite hasta la saciedad en boca de todas las afectadas: «No puedo pasar un solo día sin hacer algo por recuperar a mis hijos». Y sobre ese algo se sostiene la vida iniciando una guerra personal en la que al principio están solas, aunque durante ese largo recorrido, tan doloroso como demencial, se encuentran compañeras de camino.

Isabel Hervás, de SIMICAT, tiene –también– su propia historia. Ambas (tanto la de Natalia, hermana de Judith, como la de Isabel) forman parte del caldo de cultivo institucional en cuanto a separaciones matrimoniales se refiere.

Mi marido y yo decidimos separarnos de mutuo acuerdo. Nuestra hija Diana tenía entonces tres años y cinco meses. Acordamos que la niña pasara los dos primeros fines de semana con su padre, con la intención –por mi parte– de facilitar las cosas. El 16 de septiembre de 2013, mi exmarido, nuestra hija y yo, cenamos juntos en casa. Al marcharse él, la niña me dice –literalmente– que tiene «caliente el chichi» por-

que su padre le hace tocamientos con el dedo en ambos agujeros.

Ante mi perplejidad y estupor, le pregunto si no serán los abuelos al limpiarle el trasero cuando va al lavabo, pero ella dice que no, que solo se lo hace su padre. Insisto y le pregunto si no será que simplemente le pica, pero ella contesta que no, que le quema. La miré, pero no vi nada.

Media hora después, tratando de asimilar y encajar semejante información, al acostar a mi hija le pregunto de nuevo al tiempo que grabo con el teléfono móvil. Durante la grabación me da más detalles, dice que se lo hace después de comer y que esos tocamientos son algo habitual desde que era mucho más pequeña.

La acosté, y una vez dormida, me metí en internet buscando información al respecto. Lo que encuentro es la Fundación Vicki Bernadet.

Llamé al día siguiente y me dijeron que debía acudir de inmediato al hospital Sant Joan de Déu que cuenta con una unidad especializada al respecto (ese video lo han visto dos psicólogas, una psiquiatra, un médico de mi confianza, la pediatra de mi hija de la seguridad social y una enfermera especializada en niños maltratados). Todos los que visionaron ese video me aseguran que una niña de esa edad no contesta así, y que un niño no puede relatar una experiencia no vivida.

Al día siguiente contacto con una enfermera pediátrica que trata a niños maltratados y con una psicóloga que conocía a mi marido y a mi cuñada por haberlos tratado anteriormente. Tras enseñar el video a ambos, me aconsejan que denuncie de inmediato, puesto que una niña de tres años no se puede inventar lo que en el video dice.

Acudo al Hospital de Sant Joan de Déu con mi hija donde, tras hacerme dar muchas vueltas por distintos departamentos, mi hija repite con absoluta naturalidad a los médicos de urgencia todo lo que dice en el video, añadiendo que su padre le hacía daño con la uña en el agujero de delante y también en el de atrás (vagina y ano).

Al encontrar una sospecha de abuso, dicen que la derivan a la unidad. Esperé en el box, puesto que tardaban mucho. Me dieron el informe, que ni miré.

A las 18h del mismo día me reúno con mi marido y su madre en mi casa. Les explico lo que la niña ha dicho. Mi marido se excusa diciendo que le limpia el trasero como todo el mundo, y tras especificar que Diana decía que los abuelos no le hacían eso, que solo se lo hace papá, él empieza a gritar: «Te lo has inventado todo. Eres una hija de puta. Todo esto lo haces para quedarte con el piso y conseguir la custodia».

A las 20h pongo una denuncia en los Mossos d'Esquadra, con el único objetivo de proteger a mi hija. Según me habían indicado, a una niña de esa edad hay que aislarla de todo, no tiene que percatarse de que ha pasado algo ni de que su padre le ha hecho algo malo. Lo que me dejaron muy claro fue que cuanto más interrogaran a mi hija, peores podían ser los efectos, y que debía ser interrogada por un especialista.

La policía me informa de que por protocolo, el padre sería detenido en el calabozo durante 48h. Insisto en que mi única pretensión es proteger a mi hija.

Al día siguiente, al entrar en casa, me falta el disco duro y el ordenador portátil, por lo que pierdo todas las fotografías y videos de la niña desde que nació.

Recibo una notificación judicial donde dice que tengo una orden de alejamiento, aunque no rotunda, puesto que el padre tiene derecho a ver a su hija. Cada 15 días, mi madre y mi hermana acuden a un parque para que pueda ver a su hija. Él dice que pasó cuatro meses sin verla, cosa absolutamente falsa.

Pasé tres semanas viviendo en casa de mis padres, estaba muy nerviosa y angustiada. Cuando le cuento lo sucedido a una profesora de la guardería, esta rompe a llorar y me dice: «yo sabía que algo pasaba y no sabía cómo decirlo... la niña, precisamente los viernes que es cuando su padre iba a buscarla, se hacía caca encima».

Esa profesora, todos los viernes contemplaba cómo la niña ponía cara de miedo al ver a su padre y se hacía caca encima. La profesora se mostró muy colaboradora, incluso me dio su teléfono, pero al aparecer la directora, dijo que hasta que no hubiera una orden judicial nadie diría nada.

Durante esos días, recibí correos electrónicos de mi marido en los que me acusaba de estar inventando todo para quedarme con el piso y conseguir la custodia.

El 20 de octubre de 2013 se produce la primera visita con la Dra. Ibáñez (la semana anterior fue atendida por la Dra. Simón-) y según su opinión «la niña estaba feliz y sin miedo de ver a su padre, por lo que no sospechaba de abuso alguno».

Camino del hospital y con intención de desdramatizar la situación a mi hija, le digo que vamos a un lu-

gar llamado «Ciudad de la verdad», donde se lo iba a pasar muy bien puesto que allí encontraría niños, y doctores que curan, por lo que debía decir la verdad cuando le preguntaran. Le dije, también, que al salir le daría su golosina favorita (cheetos de queso). Su actitud era positiva, se sentía bien, además nos acompañaba su tía, con la que mantiene una magnífica relación.

Acudí con mi hermana y con la niña. Al entrar en el despacho, me asombra la presencia de tanta gente (cinco estudiantes), por lo que mi hermana, con intención de que Diana no se asustara, le comenta de forma cariñosa: «Mira, tenemos público», a lo que la Dra. Ibáñez responde en el acto con tono contundente y reprobatorio: «Esto no es un circo, es un equipo de profesionales médicos».

La psicóloga, sin el mínimo recato ni delicadeza, me pide que le explique (delante de mi hija) desde el principio lo sucedido. Yo, que llevaba más de un mes intentando disimular con ella lo ocurrido, no daba crédito a semejante escena, viéndome obligada a relatar todo de nuevo ante cinco desconocidos y en presencia de la niña. Aun así, se lo explico, y en el momento en que comunico que -tras la denuncia-, el juez de instrucción había acordado una orden de alejamiento del padre hacia la hija, la Dra. Ibáñez, sobresaltada, dice:

»Usted, señorita, peor no lo podía haber hecho. Primero graba a su hija; no sé en qué piensan ustedes, las madres, grabando a una hija haciendo esas cosas, es una idea macabra la de grabar a un hijo, luego da a la policía, y encima

el juez... desde luego, el juez, esa noche seguro que no durmió para hacer una orden de alejamiento así, no hay pruebas para hacer esa orden de alejamiento, así que esa orden yo la voy a levantar en dos sesiones. Ese hombre no puede estar sin ver a su hija, y su hija a su padre, no lo voy a consentir. En menudo lío se ha metido usted. ¿Quién se ha creído que es para denunciar sin pruebas?.

Me quedé helada, el trato fue completamente degradante e injusto. Le expliqué que la niña se hacía caca encima, que tenía pesadillas y se caía de la cama, que se había vuelto introvertida cuando era todo lo contrario, insistiendo en que algo le pasaba a mi hija, que conozco a mi hija, yo la he criado y su comportamiento no es normal.

¿Cómo pudo hacer pasar a mi hija por todo eso, por qué me hizo contar lo sucedido delante de la niña, acaso eso no es vulnerar los derechos del menor? Ahora sé que sí. Entonces no sabía nada.

Dos días después no me quedó más remedio que solicitar una baja laboral, ya que se me comía la ansiedad y tenía ganas de llorar a todas horas.

Según la Dra. Ibáñez «el caso quedaría listo» la semana siguiente, 29 de octubre, día en que me da hora, y el 5 de noviembre –según ella– el caso quedaría listo.

Durante la primera sesión, los 5 estudiantes realizaron a Diana un test de inteligencia (Ferrán era el único estudiante que preguntaba, y escribía en el ordenador). A última hora pareció de nuevo la Dra. Ibáñez para decirme que la niña estaba dentro de los pa-

rámetros normales y que en cuanto a expresión verbal hablaba como si tuviera 5 años (dos por encima de su edad). «¿Ve usted cómo su hija fabula?» –dijo la Dra. Ibáñez.

Es decir, ¿tener facilidad de palabra significa fabular?

Durante la segunda sesión (también en presencia de los 5 estudiantes), la Dra. Ibáñez se sentó junto a la niña diciendo que debía explicar las «casitas» que hay en su familia, y le preguntó qué es lo que le gustaba comer en cada casa.

Diana, al hablar de la casa de la abuela paterna donde actualmente vive su padre, manifestó que no temía ir a esa casa. En ese momento, la Dra. dijo: «Una niña abusada no contesta esto, de haber sido abusada, no querría ir».

Para empezar, no se contempló que los abusos se producen en la que era nuestra casa común, no la de su abuela paterna.

Una vez finalizada la sesión, delante de la niña comenta a los estudiantes: «mirad a Diana lo feliz que está, una niña abusada no está así de contenta».

En ningún momento le preguntó nadie si su padre le metía algo dentro de su vagina o del ano, así como cualquier detalle que le pudiera molestar de su padre.

Desde el primer momento me percaté de que en el hospital Sant Joan de Déu tenían una idea preconcebida con respecto a mi persona completamente errónea. Tuve incluso la sensación de no ser escuchada cuando les decía que Diana llevaba unos ocho meses mucho más introvertida de lo habitual, se mostraba insegura, tenía pesadillas, le pedía a mi hermana que pintara «pitos» y que me preguntaba «qué hay dentro del chi-

chi y del culo», todo ello –supuestamente– con el objetivo de realizar una valoración.

La trabajadora social de UFAM (Unidad Funcional de Abusos a Menores), Cristina Macías, dijo que

> *»la niña es pequeña, no interpreta como algo malo lo que le hace su padre, es normal que quiera ver a su padre, para ella es como si su padre le hubiera estirado de la coleta, y menos mal que no teme a su padre.*

Contrasté opiniones con distintos especialistas. El Dr. Pou trató la encopresis (defecación involuntaria) que sufría Diana desde febrero del 2013.

Con todo ello, decido quejarme en Sant Joan de Déu, y me recibe el jefe de pediatría. Yo no sabía que la Dra. Ibáñez ya había enviado su informe al juzgado. En dicho informe se indicaba de forma categórica que la niña no era abusada y que todo se debía a una «preocupación mórbida de la madre con riesgo de rotura de lazos de filiación con el padre, todo ello provocado por la madre», por lo que deciden la intervención de los servicios sociales con intención de quitarle de la cabeza a la madre el tema del abuso, tanto DGAIA como EAIA.

En dicha entrevista con el jefe de pediatría, este se disculpó del mal trato recibido hacia mi persona por parte de la Dra. Ibáñez, asegurándome de que iba a tomar medidas. Con respecto al tratamiento de mi hija, dijo que al no ser experto no podía decirme nada, pero que hablaría con la Dra. Simón, puesto que presenció la conversación. La citada doctora estaba presente durante la reunión y dijo que en el caso de que mi hija sufriera abusos, no querría ver a su padre como bien dice la Dra. Ibáñez, y que durante los minutos en que visitó a mi hija (no más de 11) se percató de que la niña no había sufrido abusos, que le preguntó si su padre o su madre le tocan el «chichi» y respondió que no, y que quería ver a su padre, como indica el informe de UFAM. En definitiva, que podía quedarme tranquila puesto que –según ellas– la niña no estaba traumatizada.

Pasan las navidades y tiene lugar un juicio por medidas cautelares civiles donde ellos llevan el informe de UFAM.

Según mi abogado, ellos se ruborizaron, puesto que el informe era muy estricto y debíamos tener cuidado.

Al no ser mi abogado especialista en penal, aconseja que es mejor un mal acuerdo que un juicio antes de que yo pierda la custodia de mi hija, puesto que el informe era terrorífico para mí. Se trataba de que yo desestimara la vía penal.

Yo entonces no sabía lo que me estaba jugando, de haberlo sabido, no lo hago, puesto que se desestimó para siempre la vía penal.

Encima, la niña tenía que estar catorce días antes con su padre, y a los cinco años, en custodia compartida.

Sin embargo, yo tenía que saber si lo que la niña me confesó era o no cierto, por lo que decido ir a Madrid a un centro especializado en abusos sexuales a menores, donde acudo con mi hija. En ese centro me confirman que la niña sí ha sufrido abusos, y conservo ese informe hasta que considero que es el momento adecuado de presentarlo.

Por otro lado, descubro que mi peor enemigo es –entre otros– mi propio abogado, creo que por pura saturación de trabajo y porque los niños no les importan lo más mínimo.

Contacto con asociaciones. Mientras tanto, el padre colgaba fotos en Facebook besándose en la boca con su hija, seguía mandándome e-mails diciendo que me estaba vigilando un detective, y me amenazaba con denunciarme por no hacer facturas a mis clientes (soy fisioterapeuta).

Es decir, me acosaba por escrito con cualquier argumento absurdo con el fin de mantenerme asustada. Un vecino se dedicó a hacer fotos a todos los amigos que venían a verme y aparcaban en mi parking, por lo que me sentí completamente controlada. Contacto con una abogada que en lugar de ayudarme lo que hace es cobrar un dineral tras hacer una querella espantosa que debo retirar antes de que llegue al juzgado, porque de lo contrario perdía a mi hija.

Nadie me había hecho un informe psiquiátrico donde constara esa «preocupación mórbida» de la que hablaba la Dra. Ibáñez, aunque más adelante tuve que hacérmelo.

En cuanto a la custodia, tiene lugar el juicio civil y ahí entrego el informe de Madrid donde consta que la niña sí ha sufrido abusos. En ese juicio se decide que la niña debe estar sujeta a una custodia compartida y encima yo tengo que pagar 3.500€ de costas.

Tras la orden de alejamiento, mi hija tenía conductas claramente sexualizadas, jugaba con niñas y les metía lápices en la vagina, ella misma se tocaba con lápices, incluso tengo un video en el que se está masturbando con un pequeño telescopio.

Eso, añadido a lo que ya sabía antes de separarme, me impedía mirar hacia otro lado.

En enero de 2016 busco nuevos abogados, y gracias a ellos, Fiscalía ve indicio de delito y reabre el caso, se lo comunica a la jueza, y esta dice que como el Hospital Sant Joan de Déu y la UFAM ya investigaron en su día, lo archiva de nuevo. Pese a todo, apelamos en la Audiencia Provincial, que acepta por fin en el mes de octubre y se reabre el caso. Hay que instruir al padre de la niña mientras se mantiene la custodia compartida y este hombre vive con ella pese a estar imputado. A día de hoy las cosas siguen igual. Hemos interpuesto unas medidas cautelares que no ha respondido. La jueza, en lugar de instruir al padre lo que hace es investigar a testigos que favorecen la protección de la niña, es decir, todo funciona al revés.

Mientras tanto, hace dos años contacto con muchas más madres y me hablan de una chica muy guerrera que sabe mucho de derecho penal: Judith Martínez Velasco. Me costó mucho quedar con ella. Le pincharon las ruedas del coche.

Cuando no conoces a la persona te cuestionas si eso puede ser o no cierto, pero ya metida en lo que hay, te das cuenta de que la vida te cambia en cinco segundos y puedes acabar incluso en la cárcel. Juntas montamos SIMICAT a finales de 2015.

Yo busco gente que nos pueda ayudar y Judith lleva todo el trabajo de asesoría jurídica. Entre las dos lo hemos ido moviendo todo, y con respecto a mi hija, hemos interpuesto quejas en el Servei Català de la Salut, también abrimos un expediente al Hospital Sant Joan de Déu, en concreto a la Dra. Ibáñez, que nunca llegó a nada puesto que los inspectores alegaron que no eran competentes y no podían pedir explicaciones de cuántas madres mórbidas puede haber y cuántos niños son visitados por maltrato, cuántos son abusados y cuántos no. Por tanto, desestimamos la vía. Ahora, un grupo de madres a las que nos han etiquetado de manipuladoras y malas malísimas y desgraciadamente hemos perdido todos los juicios mientras nuestros hijos viven con sus agresores sexuales. Que yo conozca unas 15 o 20, más las que están moviendo las del grupo parlamentario SÍ QUE ES POT, estaremos hablando de unas 40 madres.

Todo esto lo hemos estado moviendo sin que se haya hecho público. En el momento en que se sepa, estoy convencida de que nos llamarán muchas más afectadas.

Según servicios sociales, mi exmarido es maltratado por mí. Les he llevado incluso una foto en la que él circula con mi hija de seis años en moto, cosa que está prohibida por ley, y me dicen que desconocen las normas. También la foto besándose en la boca, y les parece «normal».

Ahora, mi hija no quiere ir con su padre, pero tampoco no pasa nada. Se hace caca encima, tiene ansiedad por las noches, se sube encima de mí para poder dormir, y encima me preguntan los de servicios sociales: «¿La niña no duerme contigo, verdad? Porque de hacerlo, estás creando una vinculación y te podemos aplicar un SAP» (Síndrome de Alienación Parental).

Esta Navidad, le pidió a Papá Noel poder estar con su madre para siempre, cosa que no dijo en el colegio hasta hace una semana. ¿Cómo puedo demostrar lo que ha pasado con mi hija si nadie la escucha? En el colegio (público) confían al cien por cien en los servi-

cios sociales, que les visitan únicamente una vez al año. Dicen que la niña está perfecta y no le pasa nada, cuando se hace caca encima. ¿Dónde está la formación de los profesores al respecto...? En ninguna parte. ¿Dónde está la protección...? En ninguna parte. Si yo desobedezco esas medidas, me meterán en la cárcel, así de claro.

Está todo muy bien montado. Vivimos en una sociedad machista cuya justicia es machista. Si esto saltara a los medios de comunicación como corresponde, tal vez podría existir una solución.

Yo te busqué a ti, Consuelo, en un momento de auténtica desesperación. Leí un artículo tuyo que hablaba de la DGAIA, y puesto que esa entidad me amenazó con quitarme a mi hija, pensé que tú sabrías cómo ayudarnos. La verdad es que no tenía la menor idea de quién eras.

Tampoco yo tenía la menor idea de la existencia de SIMI-CAT hasta agosto del 2016. Isabel contactó conmigo. Decía que era urgente. Quedamos en una terraza. Se presentó con Judith. A los cinco minutos de estar con ellas, supe que no había terminado mi trabajo. Reaccioné en el acto: El sistema se ha perpetuado. Nunca dejaron de hacerlo. Se pasó del Patronato de Protección a la Mujer al cambio de la ley del menor para continuar separando hijos de madres, cuestionar conductas y someter mujeres.

Aquella tarde hacía un calor asfixiante, pero a las tres se nos puso la piel de gallina. Una pieza sobre otra, perfectamente encajada. Creí que ya no existían personas como ellas. Recordé mi separación matrimonial y la amenaza constante de quitarme a los niños. De eso hacía ya casi treinta y cuatro años, por lo que me sentí muy afortunada: mis hijos son mayores. Sobre mí pueden caer todo tipo de amenazas, pero no esa. Yo no me estoy jugando un hijo.

Esa misma noche sentí la imperiosa necesidad de preguntar a mis hijos si soy una buena madre. Analicé los errores que pude haber cometido sin un solo atisbo de disculpa por mi parte. Nunca tuve que pedir ayuda a los servicios sociales, aunque es bien cierto que confiaba en ellos como una entidad salvadora que ayudaba a las personas. Era tan inocente como Isabel en su momento. Y también era joven. Ya no soy ninguna de las dos cosas.

Me encontraba entonces inmersa en una novela que quería publicar en 2017 a toda costa. Bastaron aquellos cinco minutos para decidir mi implicación definitiva en una causa que me estaba llamando a grito pelado desde 2015.

Aparqué la novela y empecé a investigar. Desde entonces, y aun sabiendo que el camino es tan largo como dificultoso, no he parado de trabajar, manifestarme, escribir, conceder entrevistas y denunciar públicamente en todos los medios que han estado a mi alcance.